R 20729

1774

Delisle de Sales, Jean-Baptiste Claude Izouard (ou Isord de Lisle) dit

Histoire philosophique du monde primitif

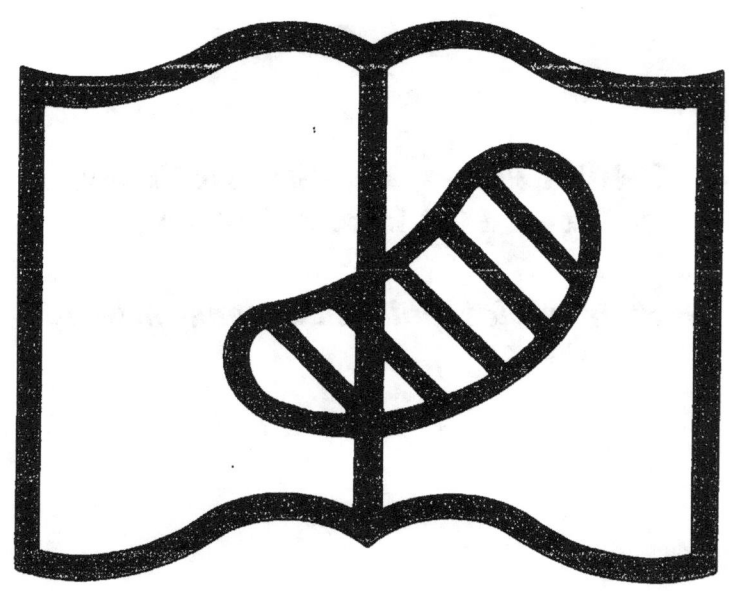

**Symbole applicable
pour tout, ou partie
des documents microfilmés**

Original illisible

NF Z 43-120-10

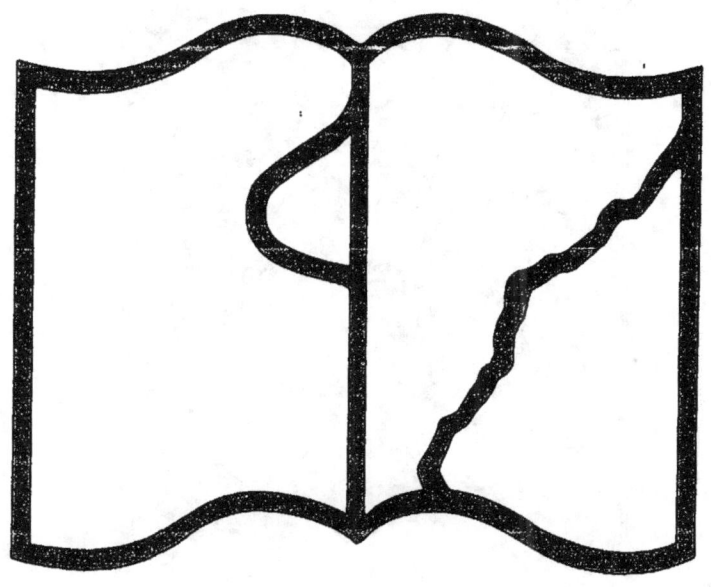

**Symbole applicable
pour tout, ou partie
des documents microfilmés**

Texte détérioré — reliure défectueuse

NF Z 43-120-11

R. 2946.
C. 14.

à conserver

20729

HISTOIRE
DU
MONDE PRIMITIF

HISTOIRE
PHILOSOPHIQUE
DU
MONDE PRIMITIF

PAR L'AUTEUR

DE LA

PHILOSOPHIE DE LA NATURE.

QUATRIEME EDITION.

Entièrement refondue et augmentée de plusieurs Volumes.

TOME V

A PARIS

M. DCC. XCIII.

HISTOIRE
DU MONDE PRIMITIF.

DU SÉJOUR PRIMITIF
DE L'OCÉAN,
SUR LES MONTAGNES PRIMORDIALES.

Les monts Calcaires de l'ancien monde ne s'élevant guères au delà de douze cents toises au dessus des mers, ce ne serait prouver peut-être que d'une manière imparfaite, le séjour de l'Océan sur la surface du Globe, que de ne pas appeller en témoignage de ce grand événement, le revêtissement des montagnes primordiales.

Le naturaliste Seba a dit, qu'on ne sçaurait trouver des productions marines pé-

trifiées sur la cime des monts primitifs :
et s'il n'a voulu parler que de la roche
même qui leur sert de charpente, il a eu
raison sans doute. Il est certain, que des
amas de coquillages ne doivent se trouver
que dans les substances qui tirent leur
origine d'un sédiment; et le Granit des
montagnes primordiales, étant antérieur
à la nature vivante organisée, il est évident que toute dépouille végétale et animale, doit lui être étrangère. Ajoutons,
que même permi les pierres de couches,
il en est, telles que l'albâtre, où on ne sçaurait
trouver de coquillages, parce que leur
matière calcaire y est entièrement réso-
lue par l'acide qu'elles renferment : mais il
n'y a rien dans ces faits qui contredise notre
doctrine. Seba peut n'avoir vu aucune
pétrification sur les Alpes : la Chymie peut
n'en avoir point décomposé en analysant la
roche vive, et cependant il est bien démontré, que l'Océan s'est élevé au déssus des

Pics les plus inaccessibles des montagnes primordiales.

Rappellons-nous notre théorie philosophique, sur l'élévation des monts de Granit nés de l'incendie primitif du Globe, et sur celle des éminences calcaires produites, plusieurs myriades de siècles après, par la fluctuation de l'Océan descendu de l'atmosphère.

Quand l'Océan vint travailler à l'organisation de ses bancs calcaires, ayant besoin de points d'appuy, il les addossa d'ordinaire aux flancs des monts primordiaux; et comme les vagues surmontaient toujours leur ouvrage, le revêtissement s'éleva peu à peu jusqu'au dessus du sommet des Alpes, de l'Atlas, ou du Caucase.

Cette enveloppe de dépouilles marines, si favorable à la végétation, devint la patrie des hommes primitifs: à cette époque, les coquillages, soit en nature, soit pétrifiés, se trouvaient en assés grand nombre sur les sommets alors arrondis des montagnes mères du Globe, pour que le principe de la descente de l'Océan, du haut de l'atmosphère, ne fût pas un problème; les philosophes de ce temps là, et il y en avait d'autant plus, qu'ils étaient plus près de l'origine des êtres, ne se doutaient pas que, plusieurs myriades de siècles après, on opposerait à ce grand fait de la nature, quelques lignes écrites obscurément pour le peuple, dans la Cosmogonie d'un Pentateuque.

Cependant à mesure que l'Océan se retirait, les Monarchies prenaient de l'accroissement, et les Pics des monts primordiaux abandonnés de leurs habitants, entourés d'une atmosphère plus destructrice, perdirent la terre végétative qui leur servait d'enveloppe. Alors toutes les productions marines disparurent sur ces hauteurs moins favorisées de la nature, et il serait aussi absurde d'exiger aujourd'hui du physicien, qu'il rapportât des coquilles du sommet du Mont-Blanc que de lui faire Chasser des Chamois, dans les abymes du golfe Adriatique ou du Pont Euxin.

Le grand point est de démontrer, qu'on trouve des monuments du travail des mers, jusqu'à la hauteur, où les monts primordiaux, privés, sur toute leur surface, de terre végétale, ne sont plus que des squelettes décharnés, qui annoncent la vieillesse du globe.

Et pour qu'on ne soupçonne pas ma véracité, je ne m'attacherai qu'aux montagnes les plus élevées du monde connu, aux Alpes et aux Cordillières.

Alonzo Barba, un des écrivains les plus exacts sur le Nouveau Monde, assure qu'on trouvait de son temps, sur la route du Potosi à Oronesta, des pierres remplies d'empreintes parfaites de coquillages : OR CETTE ROUTE, ajoute-t il, EST SUR DES HAUTEURS, TELLES QU'IL Y AURAIT DE LA FOLIE, A CROIRE QUE JAMAIS LA MER LES Y EUT DÉposées--- cette folie du crédule Barba, est devenue la raison du philosophe.

Comme je ne cherche que des faits, sans m'arrêter aux interprétations les plus anti-philosophiques, je vais en puiser un non moins étonnant dans Dom Ulloa, un des apôtres du Déluge.

« On voit dans les montagnes élevées
» de Guancavelica, des coquilles entières
» pétrifiées, et enfermées au milieu de la
» roche que les eaux atmosphériques met-
» tent à découvert : la plupart sont de
» l'espèce des Bivalves : leur grandeur est
» depuis un pouce de long jusqu'à quatre :
» toutes ont des Stries qui s'engrainent les
» unes dans les autres, à l'extrémité des
» deux écailles.

» Ces coquilles offrent des traces de la
» violente agitation des vagues, qui les ont
» fait heurter les unes contre les autres :
» car il y en a dont les Stries ne se rap-
» portent pas, l'attache tendineuse, qui les

» joignait à leur articulation, ayant éprouvé
» du relâchement.

» Au reste, les deux écailles se trouvant
» complettes, il en résulte que l'animal
» était vivant, quand la matière qui l'en-
» veloppait s'est durcie ; car il est naturel
» que la coquille s'ouvre, dès que l'être
» qui l'habite est mort. Elles ont donc
» été enlevées des abymes de la mer, et
» jettées sur ces hautes éminences, tant
» que l'animal respirait ; et il a respiré,
» tant que la matière de la roche a sub-
» sisté dans un état de fluidité : à l'époque
» de son endurcissement il s'est pétrifié.

» Si l'on fait attention à la hauteur ex-
» trême, à laquelle ces montagnes s'élèvent
» au dessus du niveau de la mer, on doit
» en conclure que ces énormes massifs
» étaient fluides eux-mêmes, lorsque les
» eaux y déposèrent leurs coquilles. Une
» autre preuve aussi sensible de la présence
» des eaux, sur cette chaîne des Cordil-

» lières et de la fluidité du sol de ces mon-
» tagnes, c'est la prodigieuse quantité de
» Silex, qu'on y voit unis par l'intermède
» d'une matière lapidifique, avec laquelle
» ils se sont incorporés : il est évident que
» cette matière intermédiaire devait être
» fluide, affin de remplir tous les inters-
» tices. Ces amas de Silex forment des bancs
» de plusieurs lieues.

L'abbé Molina, dans son histoire du Chili, semble plus tranquille que le lieutenant général Dom Ulloa, sur les anathèmes de la Sainte Hermandad : » les corps
» marins, dit-il, dont les montagnes de
» l'Amérique Méridionale sont couvertes,
» et encore plus la manière dont ils sont
» disposés, sont des preuves incontestables,
» que jadis le pays était couvert par l'O-
» céan, qui, en se retirant peu à peu, a
» découvert la surface du terrein actuelle-
» ment habité : les trois Chaînes de mon-
» tagnes maritimes maintenant parallèles,

» et les collines intermédiaires qui les unis-
» sent aux Andes, tout, jusqu'aux rami-
» fications de cette dernière Chaine, paraît
» avoir été formé successivement par les
» eaux de l'Océan. »

Il n'y a rien a ajouter à de pareilles autorités : je prie seulement d'observer que
la Chaine dont parle l'abbé Molina, a une
hauteur moyenne, au moins de 1800 toises,
et que les coquilles pétrifiées de Dom Ulloa,
se trouvent à une élévation, où le mercure
du baromètre se soutenait à 17 pouces une
ligne et un quart : ce qui répond à 13200
pieds, au dessus du niveau de la mer qui
baigne les deux mondes.

Les Alpes de la Suisse sont encore plus
connues que celles de l'Amérique, et il
faut y transporter notre observatoire.

Gruner semble le premier physicien, qui
se soit apperçu que la mer a fait la Suisse
actuelle, comme il est avéré par l'histoire,
que le Nil a fait l'Égypte des Pharaons.

IL EST CERTAIN, dit-il, QUE LE SOL SUR LEQUEL S'ÉLÈVENT LES ALPES PAR EXCELLENCE, A ÉTÉ SOUS LES EAUX; or ce sol est aujourd'hui à plus de cent lieues, de la plus voisine des mers qui l'ont organisé.

Il ne serait pas même nécessaire d'escalader les Pics effroyables du Screckorn et du Mont-Blanc, pour s'en convaincre : les cailloux roulés et les fragmens de Granit, qu'on rencontre à chaque pas le long du lac de Genève, sont déjà des témoins irréfragables de ce fait étonnant qui contredit toutes nos Cosmogonies.

Ces cailloux roulés, ces blocs de matière primordiale, n'ont aucune adhérence avec le sol calcaire qui les porte : ils sont si évidemment détachés des hautes Alpes, qu'on pourrait, par de pénibles recherches, assigner jusqu'à la roche dont ils ont été détachés, quoiqu'il y ait entre la Métropole et la Colonie un intervalle de quinze lieues.

On voit ces décombres déposés par bancs

horisontaux : ce qui démontre que l'eau
a été le seul agent de leur transport et de
leur réunion ; et comme il y a de ces lits,
sur les pentes du Jura et sur les flancs du
Mont Salève à 2400 pieds au dessus du lac,
il en résulte déjà, que l'Océan s'est élevé
à cette hauteur, au milieu du massif des
Alpes primordiales.

Le professeur de Saussure a aggrandi le
champ de nos observations, puisqu'en montant
de Chamouny au Mont Blanc, il a découvert
ces mêmes cailloux roulés dans un
banc de grès, qui doit être à plus de six
mille pieds au dessus du niveau des mers :
» pour peu, dit cet excellent physicien,
» que mes yeux s'écartassent à droite ou
» à gauche, je voyais autour de moi des
» profondeurs immenses, et ce contraste
» avait quelque chose qui tenait d'un rêve,
» je me représentai alors les eaux remplis-
» sant tous ces abymes, et venant battre
» et arrondir les cailloux que je foulais aux

» pieds, tandis que les hautes Aiguilles for-
» maient seules des Isles, au dessus de cette
» mer incommensurable.

C'est à ce même observateur que nous
devons la connaissance d'un rocher de plus
de deux cents pieds au mont Salève, qui
paraît excavé par les courants : la montagne elle-même offre de tout côté des sillons
presqu'horisontaux de quatre à cinq pieds
de large, dont les bords sont terminés par
des courbures arrondies, telles que la fluctuation des vagues pourrait les tracer, et
notre philosophe les regarde comme LES
ORNIERES DU COURANT, QUI A TRANSPORTÉ
DANS LES PLAINES, LES DÉBRIS DES ROCHERS
DES ALPES.

Il existe, dans cette Chaine du mont Salève, une autre médaille non moins authentique du travail des mers primitives :
c'est une galerie verticale de 160 pieds de
haut et de 300 de circonférence, où l'on
entre par une espèce de péristile, d'en-

viron 50 pieds d'élévation : elle est cannelée du haut en bas dans tout son pourtour. Ces sillons sont d'une telle profondeur, que les courants seuls ont pu les former, à l'époque où la Suisse et parconséquent l'Europe entière étaient submergées.

L'auteur très-instruit de la NOUVELLE DESCRIPTION DES VALLÉES DE GLACE, n'adopte point, à l'égard de cet évangile de la raison, une doctrine hétérodoxe. A la vue des blocs immenses de Granit, et de la quantité prodigieuse de débris des Alpes primitives, qui encombrent les vallées d'Haslis et d'Untersée, il avoué : QUE LE TRANSPORT N'EN A PU ÊTRE FAIT QUE PAR DES COURANTS, DANS LE TEMPS OU LA SUISSE ÉTAIT UNE MER.

La dernière preuve que la physique nous demande, sur le travail de l'Océan, autour des Alpes Granitiques de la Suisse, est la rencontre des coquillages marins, sur le sol secondaire qui leur sert de revêtement.

Il ne faut point s'étendre ici sur les Pierres

Lenticulaires du détroit où le Rhône se perd, sur les pétrifications de la vallée de la Cluse, sur les Cornes d'Ammon minéralisées du canton de Schwitz, ni même sur l'écrevisse de mer pétrifiée, qu'on a découverte dans les salines de Bex ; toutes ces productions marines se trouvant dans des bas fonds, ne conduisent que par des voyes indirectes à la solution du problême.

On trouvera peut être une meilleure réponse à l'incrédulité, dans les deux coquillages bivalves, parfaitement inconnus aux naturalistes, que l'ingénieux de Luc a découverts dans la roche calcaire qui est addossée au Mont Salève, et dans la Marne cendrée, pleine de dépouilles marines, que l'érudit Scheuckzer trouva en 1709, au dessous d'une carrière de charbons qui tient aux Alpes primordiales.

Ce Scheuckzer, dont le nom peu harmonique est si difficile à prononcer, mais dont les ouvrages ont singulièrement servi à perfectionner la théorie du Globe, a vu des empreintes de poissons sur le roc du Guppen, montagne du canton de Glaris, à 5690 pieds au dessus du niveau de la mer; il a rencontré près de Lucerne, sur le mont Pilate, à une hauteur de 4110 pieds, des massifs, composés tout entiers de coquillages.

D'ailleurs, ces dépouilles de l'Océan sont éparses, sur toute la Chaîne des Alpes primitives.

La pyramide du Môle, non loin de Genève, renferme des Turbinites, des Térébratules et des Cames pétrifiées.

On recueille, dans les cavernes des hautes Aiguilles du canton d'Appenzel, des ardoises qui renferment des empreintes de végétaux marins, et des blocs pleins de moules et de Cornes d'Ammon.

Les hauteurs du Randberg, offrent des amas prodigieux de plantes et de dépouilles animales de l'Océan. On y distingue surtout les Éponges, les Coraux et les Bélemnites.

Une sommité d'une pyramide Granitique des environs de Sallenche, a fourni à un philosophe de Genève des huîtres pétrifiées, à une hauteur de 7032 pieds au dessus de la surface de l'Océan.

J'ignore à quelle hauteur, ni sur quel rameau de l'arbre gigantesque des Alpes, le commentateur de Dom Ulloa, a trouvé un poisson pétrifié de 16 pouces de long, dont on distinguait parfaitement l'inflexion des arrêtes et les écailles.

Le fait le plus étonnant de ce genre, s'il n'y avait rien de suspect dans la tradition soit populaire, soit philosophique, qui nous l'a conservé, c'est le navire avec ses ancres, qu'on trouva, dit-on, en 1460, dans une Mine du canton de Berne : mais il ne faut pas donner une base qui semble d'argile, au grand édifice du Monde Primitif.

Quand on ne veut marcher à la découverte

verte du globe qu'à l'appui d'une logique sévère, qui épure la masse informe des faits, il faut s'arrêter à une anecdote déjà rapportée à la tête de cet ouvrage. Le point le plus élevé des Alpes, où on ait rencontré des productions marines, est de 7844 pieds, au dessus du niveau des mers : c'est là qu'un philosophe de Genève a trouvé de nos jours une empreinte parfaite d'une Corne d'Ammon, dans une ardoise.

Assurément il y a loin, de cette hauteur de 7844 pieds, à la pointe du Mont-Blanc, qu'on vient d'escalader pour la première fois : mais il ne faut pas oublier que les glaces, les influences atmosphériques et l'abandon de la nature vivante, ont dégradé presque toute la partie des Alpes primordiales, qui s'élève au dessus de la Crête, où on a trouvé l'empreinte de la Corne d'Ammon. Des milliers de siècles entassés sur ce grouppe colossal de montagnes, ont dû faire disparaître, dans la partie supérieure, toute trace de l'ancien séjour des mers ; mais ici l'analogie supplée à l'absence des faits; et l'inscription authentique de la base fait juger, quelle fut l'architecture originelle du sommet de la pyramide.

D'ailleurs, on peut lier le trait de la Corne d'Ammon des Alpes, avec celui des coquilles pétrifiées, rencontrées à 2200 toises, ou 13200 pieds, sur une éminence moins décharnée des Cordilières. Assurément, si vous transportés l'expérience du Pérou, dans la Suisse, vous atteignés le dernier point du Mont-Blanc, qui sépare le roc vif de la couche végétale, où peuvent se conserver les productions marines, et dès-lors le problème philosophique est résolu.

PARADOXE DE VOLTAIRE
Sur les Coquillages.

J'étais en 1777 à Ferney; le château renfermait, avec une bibliothéque de gout, des instruments de physique, des curiosités d'histoire naturelle, et jusqu'à des médailles : c'était une copie de l'Uranibourg, de Tychobrahé; le grand homme qui l'avait créé, se plaisait à m'en détailler toutes les richesses; il se plaisait encore plus à disserter sur leur usage : car sa supériorité dans l'art de la dispute ne lui était point inconnue : lorsqu'il parlait de ce gout, dont depuis soixante ans il était l'apôtre, il écrasait son adversaire par la force de son génie : lorsqu'il parlait de la physique, qui lui était moins familière, il l'écrasait encore par la vivacité de ses épigrammes.

Depuis longtemps, ses entretiens ordinaires tombaient sur les coquillages. Instruit, par la PHILOSOPHIE DE LA NATURE, que je n'adoptais point ses ingénieuses rêveries sur leur origine, il m'engageait avec vivacité à lui exposer ma doctrine ; mais je me refusais toujours à une lutte inégale, soupçonnant, et avec quelque raison, que ce beau génie cherchait moins à s'éclairer, qu'à se faire un jeu de presser mon ame entre la vérité et la reconnaissance.

Voltaire, qui me devinait, employa, pour me déterminer, la dernière coquetterie du génie : comme je lui disais qu'il serait Socrate, s'il me faisait malgré moi accoucher de ma pensée, j'en veux faire l'expérience, me répondit-il, et il me mena à l'instant auprès d'une figure de Platon : vous connaissez, me dit-il, en m'embrassant, CE PORTRAIT DE FAMILLE : CROYEZ-VOUS QUE CE BEAU GÉNIE, DONT VOUS DES-

GENDES, AURAIT EU QUELQUE SECRET POUR SOCRATE ?

Un éloge fin, lors même qu'on ne le mérite pas, est un piège pour un philosophe : j'eus la faiblesse de me croire un moment au Lycée d'Athènes, et je descendis en tremblant dans l'arène, craignant également la défaite et la victoire.

Dès que la lutte fut entamée, je me hâtai, pour rendre les armes égales, de chercher un azile sous le bouclier des Académies.

Voici, à quelques transitions près, quelle fut la série de notre dialogue :

LE DÉFENSEUR DES COQUILLES.

Ce fut un beau bruit, dans le monde sçavant, à la fin du seizième siècle, lorsque le potier Palissy, qui ne sçavait ni le grec ni le latin, osa le premier soutenir dans Paris, que les pierres figurées et les coquilles tenaient, par leur origine, à la première or-

ganisation du globe : les philosophes qui,
à la honte de la physique, ne se trouvaient
alors qu'en Sorbonne, disputèrent contre
lui, dans les Langues que seuls ils croyaient
entendre, et se crurent vainqueurs : mais
la doctrine nouvelle germa par dégrés dans
les bonnes têtes : on se mit à étudier le sol
des coquilles, plûtôt que les livres scientifiques du Péripatétisme : les Académies,
dépositaires des grands faits de la nature,
naquirent, et peu à peu l'hérésie de Palissy
devint le dogme œcuménique de l'Europe.

J'avouerai volontiers, que je n'aime pas
à être novateur; et quand l'église de la
Société Royale de Londres, celle de l'Institut de Bologne, celle des Académiciens
de Paris, de Stockolm et de Pétersbourg,
se réunissent à décider un point de doctrine,
j'en fais un article de foy, jusqu'à ce que
la raison, qui seule a droit à l'infaillibilité,
m'aye prouvé le néant de leur évangile.

VOLTAIRE.

Toutes les églises, dont vous me parlés, font depuis long-temps schisme entre elles : elles ne s'accordent guères que dans la croyance au génie de Newton, qui cependant n'a point parlé de coquilles.

Au reste, que m'importe qu'un potier qui ne sçavait rien, voye sa rêverie mise en beau langage par des Académiciens qui doutent de tout? je ne veux point ici, qu'il y ait d'hommes entre la nature et moi. Quels sont les monumens du séjour de la mer sur les montagnes, et de sa retraite? vous êtes trop instruit sans doute, pour me citer l'écaille d'huitre pétrifiée, qu'on vient de trouver sur les hauteurs du mont Cénis. Tant de pélerins de Saint Jacques en Galice se rendent à Rome par ce passage, portant des coquilles sur leurs manteaux, qu'il serait absurde d'expliquer ce petit fait par un bouleversement du globe. Une

huitre au mont Cénis, prouve bien que,
depuis Annibal, cette route est ouverte aux
voyageurs, mais non que la mer des Indes
a enveloppé notre Hémisphère.

LE DÉF. DES COQ.

Une huitre isolée, sur le mont Cénis,
ne prouve rien sans doute, mais des millions de Pétoncles, de Crabes, de Coquilles à perles, d'Astroïtes et de Madrépores,
trouvés sur les montagnes des deux continents, prouvent quelque chose. Vous connaissez le Lieutenant Général Dom Ulloa,
qui était, il y a quinze ans, gouverneur
d'une partie du Pérou : eh bien, il a recueilli, vers Guancavélica des coquilles
bivalves pétrifiées, à une hauteur de 15200
pieds, au dessus du niveau des mers : ces
coquilles-là ne sont surement pas des dépouilles des pélerins de Saint Jacques. Il
n'y a jamais eu de Madones ni de Santa-

Casa de Lorette, sur les Pics des Cordillières.

VOLT.

Les Bivalves de Guancavélica donnent plus à penser que l'huitre pétrifiée du mont Cénis ; mais enfin, je ne vois pas en écrit, sur la nacre de ces coquilles, que l'Océan a surmonté les sommets des Andes : je sçais, par les mémoires du temps, que les Espagnols, au temps de la conquête du Nouveau-Monde, franchissaient ces sommets ; on a même dit, que quand le froid en faisait périr quelques-uns, on les retrouvait l'année suivante pétrifiés avec leurs chevaux : du moment que des hommes montent à 13400 pieds, ils peuvent y porter des coquillages : et ces coquillages peuvent être pétrifiés, par la même tête de Méduse, qui pétrifie des Espagnols avec leurs chevaux.

Il faudrait faire un livre pour défendre les Bivalves de Dom Ulloa, et je perdrais à le composer le temps que j'employe si bien à lire les vôtres. Voulez-vous des faits authentiques qu'on ne sçauroit expliquer avec des Espagnols pétrifiés, ni avec des Pélerins ? je vous offre les cent trente millions de toises cubiques de coquilles, que Réaumur trouva en 1720, dans les Falunières de la Touraine. Vous connaissés toutes les précautions que prit, contre l'illusion des sens et des préjugés, ce laborieux historiographe des Insectes : il s'assura qu'elles étaient toutes couchées sur le plat et dans une direction horisontale, avant de décider qu'elles avaient été déposées lentement, dans un age antérieur, par la fluctuation de la mer, qui s'en trouve aujourd'hui éloignée de trente-six lieues.

Volt.

J'ai connu Réaumur, et sa porcelaine bâtarde, et ses perles fausses, aussi bien que ses poulets Égyptiens et ses thermomètres : il avait recueilli péniblement une grande renommée, avec de petits moyens : j'ai pris quelquefois la liberté de me mocquer de sa mer de Touraine, qui avait laissé, en se retirant, cent trente millions de toises cubiques de coquillages, et il ne s'en fachait pas : car un simple poëte, quand il ferait Alzire et la Henriade, ne sçaurait juger les perles et les coquilles fausses de l'inventeur des thermomètres.

Sçavez-vous comment on répond à l'Académicien, qui voit, à 36 lieues de la mer, neuf lieues de productions marines ? on le prie de s'éveiller.

C'est la Touraine, qui est le champ de bataille de Réaumur, pour organiser son monde à coquilles : or voici un bon gentilhomme Tourangeau, nommé la Sauvagère, qui voit ces mêmes coquillages végéter dans un étang de son château des Places : aujourd'hui on ne les distingue qu'au microscope ; mais, dans vingt ans, elles seront visiblement des Conques de Vénus, et, avant un siècle, on prouvera dans vos Académies que le château des Places était un des anciens palais d'Amphitrite.

Le rép. des coq.

Ces coquilles, dénuées de l'animal qu'elles enveloppent, ne végètent pas plus dans l'étang d'un château, que les squélettes de Turenne et de Newton dans le tombeau qui les renferme. On a répondu mille fois à votre gentilhomme Tourangeau : on lui a fait voir que sa Seigneurie était un fief, dépendant des cent trente millions de toises cubes de Réaumur : on lui a prouvé que sa pièce d'eau se remplissait de coquilles, quand les torrents qui descendaient des éminances voisines, les lui apportaient, de la Falunière. Il n'y a point là de végétation spontanée. Les coquillages, dont on distingue à l'œil les Spirales et les Volutes, ont été détachés postérieurement de la carrière : mais on ne fera jamais sortir, de la classe des infiniment petits, ceux qu'on ne pouvait voir qu'au microscope.

J'ignore si les Ovides de nos Académies métamorphoseront un jour le chateau des Places en palais d'Amphitrite; mais en qualité de physicien, je suis bien convaincu que la mer a couvert autrefois et la Falunière, où ce chateau est placé, et la Touraine où se trouve le sol de la Falunière, et la France entière, et, s'il faut tout dire, la surface de nos trois mondes.

Volt.

Votre imagination travaille, mon cher Platon, et vous nous faites des Républiques. Je veux vous ôter votre bandeau : ou

vrès cette fenêtre qui donne sur le Lac ?
voyés-vous ce Mont-Blanc qui franchit dans
les airs un espace de trois mille toises ? on
dit que ce n'est pas la plus haute montagne
de nos trois mondes.

LE DÉF. DES COQ.

Il est vrai : le Caucase, qui fut le berceau du genre-humain, l'emportait sur le
Mont-Blanc, il y a dix mille siècles, à ce
que dit la nature : et un des Pics des Cordilières l'efface encore aujourd'hui, à ce
que dit le philosophe la Condamine.

VOLT.

Et vous pourriés croire que le flux et
le reflux des mers, qui ne s'élève, dans sa
plus grande intumescence, qu'à quinze
pieds, aurait formé des pyramides de rochers qui en ont vingt mille! Voyons le
monde tel qu'il est, et non tel que le Con-
sul Maillet le fabrique avec ses calculs, et

le poëte en prose, Buffon, avec ses phrases. Croyés-moi : il vaudrait autant avancer que les montagnes ont produit les mers, que de prétendre que les mers ont produit les montagnes.

Le déf. des coq.

Si Stenon, Leibnitz et tous les beaux génies que j'interprète, avaient soulevé le Caucase ou le Mont-Blanc avec le levier du flux et du reflux, ils auraient mérité toutes ces épigrammes, avec lesquelles vous avés condamné à l'immortalité les noms des Sabbatier et des Fréron.

La théorie de la terre, telle que l'Europe sçavante semble l'avoir adoptée, repose sur une autre base, et elle mériterait de n'avoir pas pour ennemi l'homme universel, qui nous représente à lui seul tout le siècle de Louis XIV.

Il n'existe que deux agents pour l'organisation du globe, le feu et l'eau. Le feu, comme le démontrent toutes les analyses chymiques, a fait la roche vive des montagnes primordiales et du massif qui leur sert de fondement. Tout le reste est l'ouvrage de l'Océan, qui a couvert la terre entière, à une époque incalculable pour la chronologie.

Oui, à l'exception de la charpente générale, l'Océan a fait le grand théâtre de la nature, ce théâtre, où tout ce qui respire joue un rôle, soit obscur, soit brillant : où tant de Rois végètent sur le trône, et où vous créés Mahomet et la Henriade.

Le théâtre dont je parle a pour coulisses les montagnes du second ordre, qui sont composées de matières calcaires arrangées par couches horisontales ; ces montagnes, qui sont tantôt isolées dans nos plaines, et qui tantôt s'addossent au Granit des Alpes et du Caucase, étant parfaitement de la même nature, que celles qui élèvent lentement leurs cimes au dessus des mers,

il

il est difficile de croire qu'elles n'ayent pas eu la même origine.

Ce n'est pas en s'élevant par des marées de deux ou trois toises, que l'Océan a atteint les sommets du Jura : mais quand notre continent était enseveli dans ses abymes, il a créé lentement le Jura, en accumulant les uns sur les autres les dépôts de productions marines, qui s'amoncèlent dans son sein. Les Courants, qui sont les fleuves des mers, ont singulièrement contribué à ce grand ouvrage, ces Courants, qui dans nos ages modernes, ont presque séparé de l'Inde la Presqu'Isle de Malaca, qui ont creusé la Baye de Bengale, et qui empêchent, du côté de Gibraltar, l'Europe de se joindre à l'Afrique.

La démonstration de cette théorie se trouve, dans le dépouillement du sol des trois continents et dans l'anatomie de toutes leurs montagnes.

Tout ce qui est terre végétale dans les

Tome V.   C

parties planes du globe, tout ce qui est substance calcaire dans les monts du second ordre, tout ce qui sert d'enveloppe aux roches primordiales, est hérissé de dépouilles marines et de coquillages.

Quand le Falun du seigneur des Places végéterait de lui-même, quand les pélerins de Saint Jacques en Galice seraient venus déposer les coquilles de leurs manteaux sur les roches du mont Cénis, quelle atteinte porteraient ces petites exceptions individuelles à la loi générale qui régit notre Planète ? le sol que foule aux pieds l'ennemi de l'organisation du globe par les mers, ne dépose-t-il pas sans cesse contre lui ? n'est-il pas écrasé comme Encelade par la masse même des montagnes?

Pardon, ô grand homme, si le mot d'Encelade m'est échappé : vous avez trop de fois vaincu les Titans de la littérature et de la religion, pour l'être vous-même : au reste, vainqueur dans toutes les grands carrières que vous avez parcourues, qu'importe à votre gloire une erreur sur des coquilles ? vous avez été, un demi siècle, Jupiter Tonnant pour vos rivaux, et vous pouvez, sans danger, être pour un de vos admirateurs, Jupiter qui sommeille.

DE LA RETRAITE GRADUÉE
DE L'OCÉAN.

Quand la théologie a épuisé ses anathêmes, pour soutenir son monde moderne de six mille ans, quand le philosophisme n'a pu réussir à fermer tous les yeux, sur les productions marines qui couvrent nos plaines et nos montagnes, il faut bien revenir enfin au principe si paradoxal en apparence, mais si vrai en effet, que le globe a été un fond de mer.

Mais, si l'Océan a battu autrefois de ses vagues le Pic de Chimboraço dans les Cordilières, puisqu'il s'est abbaissé aujourd'hui d'environ vingt-mille pieds, qu'est devenu cet effroyable amas d'eaux auquel nos continents ont succédé? ici l'arène s'ouvre devant le philosophe : mais chaque gladiateur se trouvant fort pour attaquer et faible pour se défendre, il n'a guères résulté de toutes ces luttes que des coups portés dans l'ombre, sans aucun trait de lumière sur la vraye théorie du globe.

Moyse fait ouvrir les Cataractes du ciel, qui n'a point de Cataractes : il fait tomber, pendant quarante jours et quarante nuits, pour submerger le Caucase et l'Ararat, une pluye, qui n'exhausserait pas de dix lignes la surface des mers : il élève, en 960 heures, quarante Océans les uns sur les autres, affin de surmonter de quinze coudées la plus haute cime des Cordilières, et il les anéantit, avec le simple soufle d'un vent, au bout de 225 jours, affin de ramener l'ancien lit de la mer à son premier niveau. Tous ces prodiges, très-respectables sans doute dans une Cosmogonie religieuse, n'ont aucune autorité dans l'histoire de la nature.

Le philosophe Métrodore, étonné de tous

les systèmes des sophistes de son temps, pour concilier le monde tel qu'il est avec le monde tel qu'il a dû être, posa le principe, QUE LA TERRE N'ÉTAIT QUE LE SÉDIMENT DES MERS, mais il eut du moins la sagesse de s'en tenir là : il avait d'assés bons yeux pour voir la nature, mais pas assés de faits pour bâtir une Cosmogonie.

J'aime encore l'hommage que Pythagore rend, dans Ovide, à cette tradition ancienne, et la circonspection, assés philosophique pour un poëte, qui empêche celui-ci de l'expliquer.

Le temps, qui donne à tout le mouvement et l'être
Produit, accroit, détruit, fait mourir, fait renaitre,
Change tout, dans les cieux, sur la terre et dans l'air :
L'âge d'or à son tour suivra l'âge de fer :
Flore embellit des champs l'aridité sauvage ;
La mer change son lit, son flux et son rivage :
Le limon qui nous porte est né du sein des eaux ;
Où croissent les moissons, voguèrent les vaisseaux ;
La main lente du temps applanit les montagnes

Il creuse les vallons, il étend les campagnes ;
Tandisque l'Éternel, le souverain des temps
Demeure inébranlable en ces grands changemens.

Ce fragment est de Voltaire, qui, à la différence des traducteurs, embellit tout ce qu'il interprète ; on regrette cependant, comme physicien, que les principaux faits de l'original y soient altérés : le poëte des métamorphoses dit littéralement : J'AI VU LE MASSIF DE NOTRE CONTINENT DEVENIR MER, ET LA MER A SON TOUR SE MÉTAMORPHOSER EN CONTINENT ; ON RENCONTRE, LOIN DES RIVES DE L'OCÉAN, LES COQUILLAGES QU'IL A FORMÉS DANS SES ABYMES, ET UNE ANCRE ANTIQUE DE VAISSEAU, S'EST OFFERTE AUX REGARDS, SUR LES SOMMETS INACCESSIBLES DES MONTAGNES : LA RETRAITE DES EAUX A CREUSÉ LES PLAINES EN VALLÉES, ET LES ROCHERS DÉRACINÉS PAR LES VAGUES, ONT ÉTÉ ENTRAINÉS DANS LE SEIN DES MERS.

Tous les siècles qui se sont écoulés, depuis le commencement de l'ère vulgaire jusqu'à Montagne, ont été perdus pour la théorie du globe : la Genèse tenait alors lieu de physique : on avait de la foi et point de lumières.

‹ Lorsqu'ensuite Montagne, Charron, Bayle et d'autres grands hommes, sont venus rompre les lisières avec lesquelles la théologie menait la raison, on n'a encore long-temps rassemblé sur la géographie générale que des demi-connaissances. On expliquait par le déluge de Moyse, les traces du séjour de la mer sur toute la surface du globe, et on dénaturait par ce reste de préjugé religieux, la science de la nature, antérieure à toutes les théocraties et à toutes les législations.

Le principal argument de cette hypothèse, consiste dans la dissolution antiphysique du premier monde, par l'inondation de Noë : on est bien étonné qu'une rêverie, digne de Dom Calmet, l'historien des Vampires, ait été étayée par le génie du fameux Wodward, de Scheuzer le Pline de la Suisse, et de Bourguet, l'inventeur de la correspondance des angles des montagnes.

Les physiciens, qui ont ensuite eu le courage d'abandonner l'histoire de Noë, pour celle de la nature, ont été long temps assés malheureux dans leur géographie physique. Les uns ont expliqué l'origine marine du monde, par des Volcans et des tremblemens de terre, qui en ont dénaturé la surface : comme si les couches horisontales et parallèles de coquillages, pouvaient avoir été organisées par l'élément du feu, qui ne manifeste sa présence que par les ruines qu'il opère ! d'autres ont prétendu, mais sans avoir d'autre titre qu'une imagination vagabonde, que les mers se portaient tantôt du Sud au Nord, et tantôt du Nord au Sud, mouvement qui tendait d'abord à découvrir le monde Austral, pour submerger les deux autres, et ensuite à découvrir l'ancien et le nouveau continent pour submerger les Terres Australes.

La seule hypothèse qui soit à la fois solide et brillante, qui ne contredise ni la raison ni les monuments, qui explique l'ensemble des faits et leurs détails, est celle de la retraite successive et graduée des mers, de toute la surface de notre Planète. Leibnitz, vers la fin du siècle dernier, la fit naître, ou peut-être la ressuscita. On en voit les élémens dans sa Protogée. Les naturalistes commencèrent par en rire, et finirent par l'adopter : aujourd'hui que cette opinion a pour elle les grands noms de Von-Linné, de Vallisnieri, de Jussieu, de Mairan, de Réaumur et de Buffon, elle semble destinée à ne disparaître de la mémoire des hommes, qu'avec le globe même dont elle explique si bien l'origine et la décadence.

La première image de cette retraite de l'Océan nous est donnée par les fleuves : nous apprenons d'Hérodote que le Nil a créé la basse Égypte ; Polybe parle d'un banc de sable de mille stades de long ; effet des atterrissements du Danube, aux rives de la Mer Noire; nous sçavons par nous mêmes que les alluvions du Pô élèvent les terres, le long du golfe de Venise, et que le Brabant Hollandais est formé presque tout entier des dépôts du Rhin, de la Meuse et de l'Escaut.

Pour se faire une idée juste de cette retraite successive de la masse des mers, il ne faut pas perdre de vue les premiers rameaux de notre théorie, avec ses nombreux développements.

Nous avons vu que quand l'Océan cessa d'être notre première atmosphère, il descendit sur le globe pour l'envelopper : celui-ci, à cette époque, était un Sphéroïde d'une régularité continue presque sur toute sa surface, n'ayant aucune profondeur sensible, et n'offrant d'autre aspérité que le massif de ses montagnes primordiales.

Tant que le globe se maintint dans cette régularité, et il s'y maintint tout le temps où il fut plongé uniformement dans le fluide qui couvrait sa surface, privé de ces hauteurs calcaires, favorables à la végétation, qui pompent les vapeurs, et d'où jaillit l'eau douce des fleuves, il ne tint dans notre Système Solaire que le rang d'une Planète sombre et obscure, qui ne pouvait devenir la demeure des hommes.

Heureusement cette régularité, si contraire au développement des êtres organisés, ne fut pas d'une très grande durée : elle disparut peu à peu par l'action des vents, par celle des Courants, par l'éruption subite des feux renfermés dans les entrailles du globe, et sur-tout par l'oscillation du flux et du reflux, effet de la pression de la Lune sur notre atmosphère.

Les montagnes du second ordre naquirent donc dans le sein de l'Océan : mais il ne peut se former des éminences sur le globe, qu'il ne se forme en même temps des profondeurs qui leur correspondent ; alors les eaux qui, suivant les loix éternelles des fluides, tendent sans cesse à se mettre de niveau, abandonnent les Pics des montagnes, pour remplir les abymes, et c'est ainsi que peu à peu notre monde se découvre.

Ce principe, que le sphéroïde du globe, de plane qu'il était d'abord, sur la plus grande partie de sa surface, est devenu par l'action des mers, plein d'inégalités, et que par la naissance des montagnes Calcaires, les eaux ont gagné en profondeur, ce qu'elles perdaient en superficie, ce principe, dis-je, si sublime dans sa simplicité et si fécond dans ses résultats, me semble une des clefs de la nature.

Il renferme surtout une des réponses les plus heureuses, à l'unique objection que le physicien puisse faire au système de la retraite lente et successive des mers ; car on a droit de demander ce qu'est devenu cet effroyable amas d'eaux qui, dans un age primordial, couvrait les cimes du Caucase, du Mont Blanc et des Cordilières. L'objection est d'autant plus forte, qu'elle a pour base une vérité éternelle ; c'est que rien ne s'anéantit dans la nature.

Or, il est évident, par la nature de notre hypothèse, que le volume de l'Océan peut être égal, soit qu'il couvre uniformément un sphéroïde presque plane, soit que pénétrant dans les profondeurs immenses de ce monde qu'il déchire, il laisse à découvert toutes les parties élevées de sa surface.

Pour se faire une idée précise de ce rapport, il suffit d'observer, en physicien, les inégalités dont le globe est sillonné. J'ai parlé d'un gouffre dans la province de Stafford en Angleterre, qui n'a pu être sondé que jusqu'à la profondeur de deux mille six cents pieds perpendiculaires. J'ai vu dans les gorges des montagnes secondaires qui entourent le Mont-Blanc, des précipices formés par la chûte des torrents ou par l'affaissement des rochers, que je ne pouvais pas évaluer à moins de neuf mille pieds de profondeur. Pour l'abyme du mont Ararat, antique foyer d'un Volcan qui s'est éteint, depuis un très-grand nombre de siècles, il parut incommensurable au sçavant Tournefort.

L'élévation des montagnes et la profondeur des mers sont infiniment plus grandes vers l'Équateur que dans nos Zônes tempérées ; et c'est la suite naturelle de la rotation de la Terre sur son axe. Il faudrait mesurer dans ces climats les abymes de l'Océan, pour juger encore mieux le rapport singulier, qui doit se trouver entre sa moderne profondeur et son antique surface.

L'Océan s'est donc abbaissé naturellement, en se creusant un lit, d'abord dans la roche vive du noyau du globe, ensuite au milieu de l'effroyable amas de dépouilles végétales et animales, qui s'amoncelaient dans ses abymes.

Cet abbaissement est devenu plus rapide, quand par le combat du feu Volcanique et des eaux, d'immenses cavernes qui recelaient l'incendie des Pyrites s'écroulant, l'Océan en fureur s'y est précipité.

Enfin le lit des mers s'est trouvé creusé : les grands abymes incendiés du globe, ont disparu, le sol découvert de l'ancien monde a pris son assiète : et dès-lors l'Océan n'est plus descendu de son niveau ; que par une retraite lente et graduée, qui a pu être soumise aux calculs des philosophes.

Ici la série des hypothèse s'anéantit, et le lecteur, que je conduis, à travers d'immenses déserts, à un monde habité, a droit de me demander des faits, pour lier à une histoire physique conjecturale, l'histoire authentique des ages primitifs.

Ces faits existent, et ils sont en si grand nombre, que si je les rassemblais tous, en
les

les développant suivant l'ordre philosophique qu'exige leur réunion, ils constitueraient à eux seuls une Encyclopédie.

Élaguons donc l'arbre immense de nos recherches : quand, par amour pour la précision, j'en retrancherais toutes les branches, il resterait encore assés du tronc, pour renverser tous les monuments de l'incrédulité.

On ne peut ouvrir un livre célèbre dans l'antiquité, sans y rencontrer des germes de notre opinion ; Hérodote, Pline, Diodore, Platon, Strabon, fournissent sur ce sujet une foule de textes, dont on ne peut contester l'authorité; Plutarque, en interprétant, dans son traité d'Isis et d'Osiris, un des plus anciens hyéroglyphes de l'Égypte, assure, par exemple, que la défaite du Serpent Typhon, marque la retraite de l'Océan ; et la victoire d'Osiris, la terre desséchée et développant ses sucs générateurs, pour former le réveil de la nature.

Mais ne nous pressons pas de présenter ces textes précieux; ils ne sont vraiment à leur place, qu'à côté des faits sur l'antique géographie, qu'ils nous mettent sur la voye d'interpréter.

Pomponius Méla a écrit, qu'un vaisseau, qui suivrait toutes les sinuosités de la Péninsule de l'Inde, ne mettrait que quarante jours et quarante nuits à son voyage. Or, si l'on jette les yeux sur la Carte de cette belle contrée de l'Asie, et qu'on adopte sa projection actuelle, en la suivant, des bouches de l'Indus à celles du Gange, on trouve en droite ligne un espace de trente dégrès, qu'il faut évaluer au moins à 50, supposé qu'on prolonge sa navigation, dans les enfoncements des Bayes et autour des angles des Promontoires. Assurément aucun navigateur, fut-il aussi hardi que Colomb, et aussi éclairé que Cook, ne ferait une traversée de 50 dégrès, ou de 1250 lieues, en quarante jours, surtout en ne s'écartant pas de la Côte, le long d'une mer si féconde en naufrages.

Il est hors de doute que Méla adopte ici une tradition antique, qui remonte à une époque où une partie de l'Inde était encore sous les eaux. Alors la route par mer, de l'embouchure de l'Indus à celle du Gange, se trouvant plus courte, pouvait être faite en moins d'un mois et demi, par les premiers Argonautes.

Cette idée est d'autant plus heureuse, que, de nos jours, on voit, de divers côtés, l'Inde s'aggrandir d'une manière sensible. Le Missionnaire Tiefenthaler, qui y a prêché la morale et étudié la géographie, pendant un demi siècle, le dit en particulier de la province de Guzarate.

J'ai cité l'historien Portugais, Jean de Barros, et je le citerai encore, parcequ'il a plus de lumières, qu'on ne devait en attendre d'un esclave de la Propagande : or, Jean de Barros dit en propres termes dans

son ouvrage : » Suivant les Indigènes de
» l'Indostan, la mer battait anciennement
» le pied des Gates, Chaîne fameuse, qui
» court l'espace de 200 lieues, du Nord
» de l'Inde jusqu'au Cap de Comorin ;
» c'est des terres, que les torrents ont en-
» trainées dans l'Océan, et que celui-ci a
» rapportées, que s'est formée cette vaste
» plaine, que l'on voit aujourd'hui régner,
» de la base de la montagne jusqu'au ri-
» vage : si l'on creuse dans cette belle vallée,
» on rencontre partout des productions
» marines, telles que des bancs de Corail
» et des coquillages ; d'où il résulte que
» c'était un fonds de mer dans les temps
» primitifs. »

La Péninsule de l'Asie Mineure n'a pas
moins à se glorifier de l'abandon des mers,
que celle de l'Indostan.

Strabon nous parle d'un lac d'eau salée
dans la Cappadoce, contigu sans doute autrefois à la mer, par quelque Détroit, qui

de son temps se trouvait isolé au milieu des montagnes, et aujourd'hui il n'existe plus.

On nous a conservé aussi l'opinion de Xanthus, qui, à la vue de lacs pareils, situés en Arménie et en Phrygie, était resté convaincu, QUE LES PLAINES QU'ILS BAIGNAIENT, AVAIENT AUTREFOIS APPARTENU A LA MER.

Mais la meilleure preuve, sinon en philosophie, du moins en érudition, que la mer a abandonné graduellement les Côtes de l'Asie Mineure, est celle qui résulte de trois textes comparés de Pline, de Strabon et de Quinte-Curce, sur la longueur de la bande de terre qui lie cette Péninsule à la Chaîne du Caucase. J'ai annoncé déjà cette preuve, qui sans effet ailleurs, peut produire ici un grand faisceau de lumières.

Quinte-Curce, à propos des premières conquêtes d'Alexandre, fait une remarque géographique sur la partie de l'Asie Mi-

neure, qui est à l'Est de la Phrygie : » cette
» contrée, dit-il, également distante du
» Pont-Euxin et de la mer de Cilicie, est
» l'endroit où l'Asie se resserre davantage.
» Comme les deux bassins la compriment
» également, ils en forment une langue
» de terre, qui seule empêche la Péninsule
» d'être une Isle ; sans ce faible intervalle,
» les deux mers qu'elle divise, seraient
» réunies. »

Quinte-Curce est moins un historien,
qu'un Rhéteur ; il n'avait point vû par ses
yeux, les contrées qu'il décrit, ni les héros qu'il fait parler : mais nous sçavons
qu'il a composé sa belle amplification sur
d'antiques mémoires, que le temps a détruits ; et sous ce point de vue, son ouvrage n'est point à dédaigner. Le tableau
qu'il fait ici de l'Isthme de l'Asie Mineure,
est copié certainement d'après une géographie primitive, qui s'est transmise d'age
en age jusqu'au siècle d'Alexandre, et que

notre Rhéteur a mieux aimé adopter sans examen, que discuter.

L'Isthme, dont parle Quinte-Curce, doit évidemment se mesurer dans l'endroit où l'Asie Mineure est le plus resserrée par les deux mers : c'est-à-dire, entre les deux Golfes d'Amisus et d'Issus ; et cette bande de terre comprend, sur les Cartes anciennes, les grands États du Pont, de la Cappadoce et de la Cilicie, dans un intervalle de plus de trois dégrés ou de quatre-vingt lieues.

Assurément à peser dans la balance de la critique les expressions originales de l'historien d'Alexandre, il ne semblerait pas que l'Isthme dont il s'agit, doit être évalué à plus de dix lieues astronomiques de 2283 toises.

Pline le naturaliste, de son côté, a évalué sur d'autres mémoires, l'étendue de cette partie Orientale de l'Asie Mineure. » Le Golfe d'Amisus, dit-il, fait un tel » enfoncement dans les terres, qu'il donne

» à l'Asie la forme de Péninsule : en effet
» on ne sçaurait compter plus de deux cent
» mille pas, de l'extrémité de ce Golfe à
» celui d'Issus, qui lui correspond dans
» la Cilicie. »

Comme il s'agit manifestement dans ce texte de Pline, du pas Romain qui vaut 22 pouces 10 lignes, les deux cent mille pas de la nouvelle évaluation, ne répondent qu'à un peu plus de 28 lieues.

Strabon, né à Amasée, dans l'Asie Mineure, non loin du Pont-Euxin, et par conséquent plus fait pour calculer par lui-même les distances d'un pays, qu'il avait plus d'une fois parcouru, se rapproche beaucoup de la géographie de son temps, en disant : » que l'espace renfermé entre
» les Golfes du Pont et de la mer de Cilicie,
» formait un Isthme à la tête d'une vaste
» Péninsule. »

Ce mot de VASTE PÉNINSULE fait entendre, que la bande de terre qui joint l'Asie Mi-

neure au Continent, doit avoir avec elle
des proportions d'étendue : et en cela il
rapproche, beaucoup moins que Pline, les
deux Golfes de la Cilicie et du Pont-Euxin :
mais enfin, il se sert toujours du mot
d'Isthme, qui désigne une langue de terre,
beaucoup plus étroite que les Continents
qu'il réunit; et jamais sur l'inspection d'une
Carte moderne, on ne donnera ce nom à
la Zône de quatre-vingt lieues, qui borde
la partie Orientale de l'Asie Mineure :
comme nous le donnons au petit coin de
terre de Corynthe, qui sépare la Béotie
du Péloponèse, ou au faible massif de
Panama, qui lie les deux Presqu'Isles du
Nouveau Monde.

Si on réunit en un faisceau de lumières,
toutes les grandes probabilités, qui résultent
de la comparaison raisonnée de ces trois
textes, on sera conduit à fixer quatre époques, pour la retraite graduée des mers autour de l'Asie Mineure.

Il fut un temps, où le Pont-Euxin et la Méditerranée pouvaient être très rapprochés; c'est lorsque le royaume du Pont et la Cilicie Champêtre, deux contrées très-basses, étaient sous les eaux; l'Isthme alors devait être formé par les montagnes de la Cappadoce, qui ne se prolongent pas en largeur plus de dix lieues; et voilà la tradition primitive qui nous a été transmise par Quinte-Curce.

Plusieurs siècles après, le Pont et la Cilicie, se découvrirent en grande partie : et l'Isthme, d'après le récit conservé par Pline l'ancien, put s'étendre dans un espace de vingt-huit lieues.

Au temps de Strabon, c'est-à-dire, il y a environ dix-huit cents ans, je ne doute pas que l'Asie Mineure n'eut à peu près la configuration que lui donnent les Cartes modernes; seulement les deux Golfes d'Amisus et d'Issus, se prolongeaient beaucoup plus dans les terres : ce qui justifiait la dénomination d'Isthme, donné à l'intervalle qui les sépare, par le géographe du siècle d'Auguste. Le calcul des probabilités me conduirait à fixer l'espace intermédiaire des deux Golfes à soixante lieues.

Ainsi dix-huit siècles n'auraient ajouté que vingt lieues astronomiques à la partie Orientale de l'Asie Mineure; ce qui suffit cependant pour lui ôter le nom d'Isthme, qu'elle avait dans la langue des anciens géographes.

Il me serait aisé, si j'avais le génie de Scaliger et de Casaubon, d'ajouter à l'appui de ce grand tableau, une foule de tableaux subalternes, qui concourent à prouver la retraite successive de la Méditerranée des côtes de l'Asie Mineure : il me suffirait alors de commenter, en plusieurs volumes, quelques lignes de Pline : en particulier, le texte où il dit, que la nature a enlevé plusieurs Isles à la mer, pour les joindre au Continent, et où il cite celles d'OEthuse, de Perné et de Zéphyrion, réunies par le laps des siècles, aux territoires de Mynde, de Milet et d'Halicarnasse.

J'ajouterais, d'après ce beau génie, qu'Hybanda, qui faisait partie de l'Archipel de l'Ionie, se trouve à présent à deux cents stades de la mer : qu'Éphèse a envahi l'Isle de Syrié, et que les Dérasides ont été usurpées par la partie du Continent où se trouve Magnésie.

Enfin j'étendrais, dans un Océan de notes, la doctrine consignée dans ce dernier passage de l'histoire naturelle : « il se forme » beaucoup de terres nouvelles par la re- » traite des mers : j'appelle en témoignage » cette partie du continent de l'Italie, où, » suivant Homère, était l'Isle de Circé. Un » pareil phénomène a été observé au » port d'Ambracie, et à celui de Pirée, dont » l'un s'est aggrandi de dix mille pas, et » l'autre de cinq mille, aux dépens des » vagues qui viennent s'y briser. On cite

» le même fait par rapport à Éphèse, dont
» le temple de Diane, aujourd'hui situé dans
» l'intérieur des terres, était autrefois battu
» des flots. Si l'on peut ajouter foy au té-
» moignage d'Hérodote, toute l'Égypte,
» au dessus de Memphis jusqu'aux mon-
» tagnes de l'Éthyopie, était une vaste
» mer. Elle inondait jusqu'aux plaines de
» l'Arabie : elle submergeait aussi, dans
» l'Asie Mineure, la Teuthranie, les cam-
» pagnes arrosées par le Méandre, et le
» territoire d'Ilion. »

Mais le secret pour ne point éclairer en philosophie, est celui de tout dire. Il faut commencer un chapitre et le laisser finir au lecteur intelligent. On se pénètre plus de la raison profonde d'Horace, en apprenant vingt de ses vers, qu'en lisant les trois volumes in-octavo qu'on a écrits sur sa maison de campagne.

C'est d'après ces principes, que dans la foule innombrables de faits sur la retraite des mers, qui se pressent sous ma plume ; je n'en choisis qu'un petit nombre, destiné à faire époque dans l'histoire des temps primitifs.

Il y avait dans les États du héros de l'Odyssée, une Isle de Céphalenie, dont Pline et Strabon ont parlé tous deux : l'un lui donne quarante quatre milles Romains, et l'autre trois cents Stades Pythiques de circonférence. Les deux calculs se rapprochent, à environ quatre mille toises près, et la moyenne proportionnelle est dix-sept lieues astronomiques ; or, l'Anglais George Wheler, qui voyageait, dans l'Archipel, avec notre antiquaire Spon, il y a un peu plus d'un siècle, n'hésite pas à donner à l'Isle de Céphalenie au moins soixante lieues : ainsi depuis Homère, (car Strabon et Pline ne font guères que le commenter), la Principauté d'Ulysse aurait envahi sur la mer qui l'entoure, au moins quarante-trois lieues.

Je retrouve ces mêmes grands-hommes

de l'antiquité, se contredisant en apparence sur l'étendue de l'Isle de Ténédos, mais se conciliant en effet, si l'on adopte le beau principe de la retraite successive des mers, de tous les rivages des trois mondes.

L'Isle de Ténédos, dit Strabon, a 80 stades, (environ quatre lieues et demi de vingt-cinq au dégré), de circonférence : et le célèbre Tournefort lui en donne près de la moitié de plus ; voilà donc quatre lieues qu'elle a gagné sur la mer. D'un autre côté, le même géographe du siècle d'Auguste, la place à 40 stades, ou cinq mille toises du rivage d'Asie ; Pline l'ancien à douze mille cinq cents pas, ou trois mille neuf cents soixante quatre toises, et notre voyageur naturaliste ; seulement à six mille pas, ou dix-neuf cents neuf toises : de là, il résulte que l'Isle de Ténédos, étant plus basse du côté du continent de l'Asie, c'est aussi de ce côté qu'on voit des vestiges plus sensibles de la retraite de la mer; celle-ci s'est abbaissée de mille trente-six toises, entre les deux époques des traditions, qui nous ont été conservées par Strabon et par Pline; et elle en a perdu encore deux mille soixante et une, depuis la tradition de Pline jusqu'à nous.

Mille preuves de ce genre se rencontrent dans les annales de l'Italie : telles que l'ancienne jonction des lacs Averne et Lucrin; la découverte qu'on fit en 1702 à Venise, d'un pavé de la place Saint Marc, posé à trois pieds et demi au dessous du niveau du Golfe Adriatique; et l'anecdote constatée de nos jours par le célèbre Ferber, que la mer s'est abbaissée de neuf pieds au dessous du Pausilippe.

On ne connait que Manfredi, qui ait tenté de porter atteinte au principe, que la Méditerranée baisse de siècle en siècle. Ce physicien semble avoir été conduit à son étrange conclusion, par la vue des Marais-Pontins

Pontins, qui n'ont jamais eu une plus grande circonférence que de nos jours ; mais ces Marais sont l'effet des pluyes et des torrens, qui descendent de l'Apennin, et non celui du débordement de la Méditerranée, comme Manfredi le croit avec le vulgaire des historiens.

Le monument de ce genre le plus singulier, quoiqu'il n'aye frappé aucun des mille et un voyageurs qui nous ont donné des descriptions de l'Italie, est le tableau des révolutions, qu'a du essuyer le sol de Pestum ou de l'ancienne Posidonie.

Pestum consacré de temps immémorial à Neptune le dieu des mers, comme l'indique son nom Grec de Posidonie, fut bâti à une haute antiquité, sur le bord du golfe de Salerne. Son port, en facilitant son commerce, lui permit de s'élever à un luxe, qu'atteste encore, après tant de siècles, la magnificence de ses ruines. Cette ville, 480 ans après la fondation de Rome, fut engloutie dans ses vastes conquêtes, mais elle se maintint toujours, dans une partie de sa splendeur primitive, jusqu'à l'an 930 de l'Ere vulgaire, que les Sarrasins y mirent le feu. Elle se releva un peu de ce désastre, pour être ruinée presque de fond en comble, un siècle et demi aprés, par Robert Guiscard. De cette époque, c'est-à-dire, de l'an 1080, jusqu'en 1755, il règne un silence absolu dans l'histoire, sur Pestum ; et, sans un hazard heureux qui conduisit alors un peintre de Naples dans le vaste désert où étaient ses ruines, on serait encore tenté de croire que le sol de cette ancienne métropole Grecque, aurait été englouti dans une éruption du Vésuve.

Cet oubli de la nature et des hommes, pendant sept siècles, donne beaucoup à penser au philosophe. C'est une espèce d'hyéroglyphe, dont la clef ne se trouve que dans mon système.

Pestum fut bâti au bord du Golfe de

Salerne, et ses ruines sont aujourd'hui à un mille de son rivage. Voilà une retraite de la mer bien marquée, mais elle ne suffit pas pour expliquer toutes les circonstances du problème.

Quand on examine la Carte de cette partie de la Grande Grèce, dressée par Zannoni, on voit que le long du rivage tout y est terres basses et marécageuses. Pestum a deux rivières, l'une à sa droite et l'autre à sa gauche : à peu de distance du fleuve Septentrional, est un étang connu sous le nom de Laco Grande, qui s'étend dans un intervalle de six milles le long du Golfe. Toutes ces considérations annoncent qu'à l'époque antérieure à l'Hercule Grec, où la ville fut bâtie, la plaine qui l'environne était presqu'en entier sous les eaux. Ses habitans furent sans doute obligés de la conquérir sur la mer, comme l'ont fait dans des ages plus modernes, les Hollandais et les fondateurs de Venise.

Mais les conquérans de la mer craignent toujours son retour; les Grecs de Pestum, pour affermir leur nouvelle Monarchie, furent donc obligés de se prémunir contre les invasions de l'élément qu'ils venaient de dompter, par des digues et des talus en maçonnerie : ces ouvrages les protégèrent jusqu'en 1080 contre une mer en couroux, à qui il fallait un plus grand nombre de siècles pour s'abbaisser d'elle même, jusqu'à laisser l'intervalle d'un mille, entre son lit naturel et la ville qu'on avait arrachée de son domaine.

À l'époque de la catastrophe de la ville, les digues abandonnées s'ouvrirent et la mer rentra dans ses anciennes possessions. Ainsi s'explique le silence de près de sept cents ans de l'Italie entière, sur une ville infortunée, qui avait tant de droit par ses annales et par les décombres mêmes de ses édifices, à la mémoire des hommes.

Pendant ces sept siècles, la mer fidelle

aux loix de la nature, continuait à s'abaisser graduellement; et comme toute cette plaine est parfaitement unie, du moment qu'un point fut découvert, elle le fut dans toute son étendue. Ainsi il est probable qu'il y avait peu d'années que Pestum était en terre ferme, quand le peintre de Naples, en 1755, rendit cette ville aux arts et à l'histoire.

J'aurais désiré trouver la nature sur le fait en France, comme elle s'est laissé surprendre aux ruines de Pestum et à la partie Orientale de l'Asie Mineure: mais nous n'existons que d'hier: encore avons nous perdu dix siècles à fuir la lumière: dans l'absence des faits écrits, il faut bien recourir aux hypothèses, qui naissent des faits ensevelis dans les entrailles du globe.

Le fameux massif de cent trente millions six cents quatre-vingt mille toises cubes de coquillages, trouvé par Réaumur au sein de la Touraine, a fait rêver ce philosophe sur l'état physique de la France, avant la retraite de la mer qui avait organisé cette Falunière ; et voici, mais avec quelques rectifications, la projection de la Carte partielle qui dérivait de son hypothèse.

Un des courants qui, à cette époque, faisait de la France un Archipel, partait de la Manche, entre Dieppe et Montreuil, traversait la Basse Normandie, une partie du Maine et de l'Anjou, et allait se perdre sur les côtes de la Rochelle : sa route est tracée par les coquilles pétrifiées, qui se trouvent isolées ou en bancs sur toute cette Zône de terres sans montagnes.

Un second courant, dérivé de l'embouchure de la Somme à Saint Valery, coupait la Picardie, faisait un coude pour arriver entre Gournay et Gisors, jusqu'à Chaumont, dépôt fameux des productions marines les plus variées, et se rendait de là sur le sol où on a bâti Paris, mais qui alors n'avait que des poissons pour habitants, comme on peut en juger par les coquilles pétrifiées des carrières d'Issy et de Saint Marceau. Le même courant se prolongeait ensuite vers Chartres, où on rencontre tant d'empreintes d'Oursins de mer : allait organiser la Falunière de la Touraine, et rentrait dans l'Océan par Niort et Saint Maixent, qui fournissent à nos cabinets tant de Cornes d'Ammon et d'autres coquillages.

Encore, est-ce très-improprement que Réaumur fait partir de la Manche des courans qui traversent la France en diverses directions. Il est certain qu'à l'exception de la Bretagne, qui semble reposer sur un massif de Granit, toutes nos provinces maritimes du côté du Nord et du Couchant étaient sous les eaux à cette époque.

Si l'on tourne du côté de Dunkerque, on y voit des traces manifestes de la retraite successive de l'Océan. Seulement depuis 1670, où son Fort de Bonne-Espérance fut

bâti sur pilotis, la Plage qui est au delà
a gagné sur la mer plus de 300 toises.

La Normandie, entre Rouen et Honfleur,
était aussi, au temps de la formation de
la Falunière, ensevelie sous les vagues.
L'Océan qui couvrait cette belle province
l'ayant abandonnée par dégrés, la Seine le
suivit aux traces de sa retraite, en formant
mille sinuosités dans ces terres basses, jusqu'à la Baye où est actuellement son embouchure.

Ce que j'ai dit de la Normandie s'applique
également à la Saintonge : et la Seine,
dans ses révolutions, y est remplacée par
la Charente.

Pour le pays d'Aunis, qui avoisine la
Saintonge, c'est une des terres les plus
nouvelles de la France. On a imprimé, dans
une histoire de la Rochelle, qu'il n'était
encore qu'un vaste marais à la fin du quatorzième siècle.

Si l'on jette les yeux sur les côtes de

notre Méditerranée, depuis le Roussillon, jusqu'à la Provence, on se convaincra de même que l'Océan y a baissé de plusieurs pieds, depuis quatre ou cinq cents ans.

Le grand fait, que la France est comme la Hollande une conquête sur la mer, pourrait être rendu sensible par une Carte supérieure à celle de Réaumur, pourvu qu'un sçavant tel que notre Desmarets voulut en donner le dessin, et que pour l'exécution il trouvât un géographe.

En général on pourrait juger l'age des contrées que baignent nos deux mers, par la graduation de leur retraite : il est certain que les côtes de l'Europe ont singulièrement changé de face, seulement depuis dix-sept siècles. Les anciens ports de Brindes et de Raveune sont aujourd'hui à plusieurs lieues de la Méditerranée. On a beau creuser sans cesse autour des côtes de l'Italie de nouveaux bassins pour la sureté des vaisseaux : ce que la main de l'homme sépare avec effort, la nature tend à le réunir, et le travail de la veille, comme le tissu de Pénélope, est ainsi perdu pour le lendemain.

La preuve que je viens de donner de la retraite de la mer des côtes de l'Italie, est la même dans toutes les parties du globe, où soit le hazard, soit le génie, a placé des observateurs. Les murs de Cadix et de Copenhague, ne sont plus baignés par la mer, comme ils l'étaient au commencement de ce siècle. Notre ancien port de Fréjus n'existe plus : la fameuse rade d'Aiguemorte, si célèbre par la Croisade de Saint Louis, se trouve à plusieurs milles dans les terres. Memphis, d'où il est sorti des flottes formidables, est éloigné de la mer de vingt-cinq lieues.

Pour ne point écraser la philosophie de cet ouvrage, sous le poids des faits, je n'ajouterai plus à mon tableau que quelques considérations sur les conquêtes journalières de l'Europe, du côté de la mer Baltique.

S'il y a quelque fait prouvé dans l'histoire de la nature, c'est celui de la retraite de la mer, des côtes de Suède et de Dannemarck. Le célèbre Von-Linné, Calm, Celsius, et douze autres physiciens du Nord, se sont réunis de nos jours à mettre cette vérité dans tout son jour; et on en voit tous les détails dans les mémoires précieux, mais trop peu connus, de l'académie de Stockolm.

Avant que de faire un corps de doctrine des principes qui résultent de la retraite graduée de la Baltique, les sçavants Suédois avoient commencé par rassembler un grand nombre de faits, qui déjà étonnans, quand ils restaient isolés, acquéraient la plus grande force de leur réunion.

On voyait, au milieu du siècle dernier, le long du Golfe de Bothnie, quelques pointes de Brisans, qui perçaient avec peine la surface des eaux : et en 1740, ils formaient une file de petits écueils, qui menaçaient de se réunir.

Il y avait une pêcherie fameuse à Loesgrond en 1670, où des navires de moyenne grandeur pouvaient mettre à l'ancre, et aujourdhui la plus petite chaloupe ne sçaurait s'y frayer un passage.

Quelques villes de Laponie qui étaient des ports, en sont éloignées de trois ou quatre mille pas. Il y a une énorme distance entre Upsal et la mer qui, dans des temps antérieurs, venait battre ses murailles.

Des rochers, où les Phocas choisissaient leur azile, sont maintenaut élevés au dessus des vagues. Des vieillards coupent du foin sur des rivages, où dans leur enfance ils conduisaient des bateaux ; et le commerce, qui voyait tarir un de ses plus riches canaux, a forcé les Suédois à rapprocher du Golfe presque toutes leurs villes maritimes.

D'ailleurs, les terres éloignées de la Baltique, conservent des monumens de son ancien séjour : on a trouvé à Nœden, des anneaux de fer, où on attachait des cables, des chaloupes, des ancres, près de Wasa; et aux environs de Fielbaka en Bohus, jusqu'à des débris de vaisseaux.

Aux observations des faits, se joignirent celles des époques ; ce qui donna le moyen d'établir, dans la retraite graduée de la mer, une sorte de Chronologie.

Par exemple, on sçut que près de Pitéo, la mer, avait abandonné un demi mille en 45 ans ; vers Luléo un mille entier en 28 ; et aux environs d'Hudiksval, seulement 440 toises en cinq siècles.

Des navigateurs apprirent aussi, qu'une pointe sur laquelle un batiment avait touché en 1700, était en 1740 de huit pieds plus haute que les vagues, et que la cime d'un rocher, qui était autrefois à fleur d'eau, s'était élevé en un demi siècle, de vingt pouces six lignes, sur la surface du Golfe de Bothnie.

La comparaison de la hauteur actuelle de la Baltique, vis-à-vis Coppenhague, avec ce qu'elle était du temps du célèbre Tychobrahé, a donné les mêmes résultats pour les côtes de Dannemarck.

C'est d'après toutes ces expériences, que les sçavants de la Suède donnèrent leur théorie. Après avoir évalué, avec l'attention la plus scrupuleuse, quelle devait être la graduation de cette retraite successive de la Baltique, ils adoptèrent une moyenne proportionnelle, et prononcèrent que la mer, dans les parages du Nord, si sa profondeur était uniforme, devait baisser par siècle de quarante-cinq pouces. L'ingénieux Paw, un des sçavants que j'aime le mieux à rencontrer sur ma route, quoique nos principes tendent souvent à nous éloigner, à vérifié tous ces calculs ;

et, tout sceptique qu'il est, il ne balance pas à affirmer que, dans l'hypothèse d'une progression, toujours égale, non seulement la Suède devait être submergée, il y a deux mille ans, mais que la mer, qui baigne ses côtes, serait à sec dans quarante siècles.

Malgré le grand travail des académiciens de Stockolm, pour démontrer la retraite graduée de la Baltique, leur doctrine, comme toutes celles qui contredisent les préjugés philosophiques et les Évangiles populaires, essuya beaucoup de contradictions : il y eut même à ce sujet en 1747, une guerre littéraire, qui ne put s'appaiser que par l'intervention des États. Aujourd'hui personne ne dispute sur un fait que chacun peut vérifier : et quand de nos jours un évêque d'Abo en Finlande, a publié une dissertation contre cette conséquence nécessaire de la théorie de notre globe, on l'a regardé en Suède du même œil, avec lequel nous regarderions à Paris un sçavant, qui ressusciterait la vieille erreur du pape Vigile sur les Antipodes.

Si on envisage la Baltique, dans sa partie Occidentale, on trouve encore des vestiges de sa diminution successive, et ces vestiges sont constatés par des philosophes éloquents, dont l'antiquité s'honore.

C'est ainsi qu'il résulte d'une tradition, que Pline le naturaliste nous a conservée, que la Poméranie et la Prusse étaient sous les eaux il y a deux mille ans ; ce grand homme, sur la foi de Philémon et d'Érophon, place, dans cette partie de l'Allemagne, qui confine à la Baltique, une mer morte et des Isles qui ont disparu ; il est vrai que le récit du philosophe est un peu défiguré par les fables, que sa crédulité a adoptées ; c'est là qu'on trouve son peuple d'Hippopodes, qui a des pieds de cheval, et ses Insulaires Fancsiens, dont les vastes oreilles leur servent de manteau pour couvrir leur nudité. Mais on peut admettre l'existence
des

des Isles sans les peupler de Fanesiens et d'Hippopodes.

Je n'ai pas besoin, pour justifier Pline, et mériter les anathêmes de l'évêque d'Abo, d'adopter l'idée de Leibnitz, qui voulait que la mer du Nord, se joignant, dans des siècles reculés, au petit lac de Steinhoude, allât baigner jusqu'aux murs de Minde, dans la Westphalie.

En général, toute cette vaste contrée, qui renferme la Suède, la Norwège, et une partie de la Russie, semble récemment sortie du sein des eaux ; elle en est même entourée de tout côté, excepté à l'Est : encore les deux lacs de Ladoga et d'Onéga, indiquent-ils l'ancienne jonction du Golfe de Finlande à la Mer Blanche : il est probable que cette grande Presqu'Isle ne tardera pas à être réunie à la Pologne, à la Prusse et à l'Allemagne, malgré la Mer Baltique et les Golfes de Finlande et de Bothnie, qui les en séparent ; tous ces parages sont remplis d'Isles, d'écueils et de bas-fonds, qui annoncent un terrein qui s'élève sans cesse. Les Détroits qui environnent le Dannemarck se comblent de jour en jour, et il ne restera, dans quelques siècles, à la place de la Mer Baltique et des Golfes adjacents, que des lacs, qui attesteront à nos descendants l'existence de ces Méditerranées, qui deviennent à chaque instant plus inaccessibles aux navigateurs.

DIGRESSION.

Sur le problème physique de la transmutation de l'eau en terre.

Il reste, pour mettre hors de toute atteinte, le grand principe de la retraite graduée des mers, la preuve tirée de la diminution de la mer Caspienne : preuve, qu'à cause de son importance, j'offrirai avec tous ses développements : mais avant de pénétrer plus avant dans ce sentier hérissé de landes, que j'ai osé le premier frayer, il faut que je réponde à une objection majeure qu'a droit de me faire le philosophe.

S'il est vrai, me dira-t-on, que les eaux, depuis la descente de l'Océan du haut de l'atmosphère, aient abandonné peu à peu les montagnes primordiales qu'elles enveloppaient dans l'origine, que sont-elles devenues? car rien né s'anéantit, comme rien ne se crée dans le vaste sein de la nature. Il y a longtemps que les expressions vuides de sens : SORTIR DU NÉANT, RENTRER DANS LE NÉANT, sont bannies de la grammaire de la raison.

Ma réponse paraît d'abord bien simple : non, rien de ce qui s'offre à nos yeux, ne tient par une de ses extrémités à l'être, et par l'autre au néant : mais tout change de forme et se modifie : le théâtre de la nature repose sur le sol de l'éternité; mais sa scène mobile n'offre que des changemens de décoration et des métamorphoses.

Cette réponse, dis-je, paraît d'abord de la simplicité la plus satisfaisante; mais quand on veut appliquer le principe aux détails, on est arrêté à chaque pas : on trouve par exemple que l'idée de l'eau qui se modifie entraîne celle de la transmutation des élémens : ce qui nous conduit dans le labyrinthe inextricable de l'essence de la matière, n'ayant d'autre fil d'Ariane que la chimère du Grand-OEuvre.

Newton, le grand Newton, a coupé le nœud gordien au lieu de le délier : il a affirmé positivement que l'eau devenait terre, et que cet élément ainsi métamorphosé, se trouvait remplacé par les exhalaisons des Comètes.

Ce n'est pas ici le lieu d'examiner, si une queue de Comète est nécessaire pour rendre à notre globe son humide radical, qui tend sans cesse à se dessécher : mais ce grand homme avait été conduit au principe de la métamorphose de l'eau, par une expérience de Boyle, le créateur de la physique, en Angleterre. Ce dernier avait eu la patience de distiller jusqu'à deux cents fois de l'eau très pure, et à chaque distillation, il avait trouvé un peu de terre dans son alambic : une once de cette eau distillée ainsi deux cents fois, avait donné six dragmes d'une terre blanche, insipide et tout-à-fait indissoluble à l'élément d'où on l'avait tiré.

Boërhaave vint ensuite, avec son laboratoire de Chymie, jetter des nuages sur l'expérience de Boyle, et sur le résultat de Newton; il prétendit que la terre du physicien était un corps étranger au fluide, qu'il distillait, et il assura, contre la conséquence de l'astronome, que l'eau ne pouvait se changer en terre, sans l'interposition d'un corps quelconque, qui l'aidait à se coaguler : l'Europe alors, comme il arrive dans toutes les questions problématiques, se partagea entre les deux athlètes, et on attendit en silence qu'un homme supérieur à eux, s'il était possible, parût pour prononcer.

Il est certain que l'eau, immobile et sans contact immédiat avec un corps qui peut l'altérer, annonce une sorte d'organisation élémentaire. Le mathématicien Clavius, le siècle dernier, en fit couler dans un vaisseau de verre, qu'il ferma hermétiquement, ayant soin de marquer avec un diamant la hauteur à laquelle elle montait, quand il la renferma: quatre-vingts ans après, on trouva à Rome ce vase, suspendu dans le cabinet de Kircher, sans que le fluide eut diminué d'une manière sensible, même au microscope.

Mais l'eau toujours active, toujours exerçant contre les corps qui l'environnent, sa puissance corrosive, et sa force de pression, doit, en altérant les substances avec lesquelles elle est en contact, s'altérer elle même; de là doit résulter un nouvel être, qui tiendra, et de l'agent qui modifie, et du corps qui est modifié. Ce principe, qui me semble une des clefs de la physique moderne, nous conduit, je pense, à la solution du problème.

Des expériences délicates annoncent que l'eau, quand la chaleur la raréfie, se change en une espèce d'air, qui sert d'aliment au feu;

D'un autre côté, quand ce fluide est frappé par le froid, il se condense, et devient glace, c'est-à-dire, une terre à laquelle il ne manque qu'une plus grande absence de feu, pour approcher de la fixité.

Ces vues sembleraient découler d'une idée mère, que plus d'un naturaliste semble aujourd'hui avoir adoptée ; c'est que l'eau n'est au fond qu'une terre simple, qu'un faible dégré de chaleur tient en fusion.

D'ailleurs, l'eau ne décompose les corps qu'en les divisant : et c'est de cette division de tant de substances hétérogènes, que se forment d'ordinaire les sublimations, les distillations et les aggrégations de la Chymie de la nature.

Si l'on désirait des preuves plus palpables, je suis tenté de dire plus populaires, de la métamorphose de l'eau en terre, il suffirait de s'arrêter un moment sur les merveilles toujours renaissantes du philtre, dans la végétation et dans l'animalité.

Toute l'Europe sçavante connait l'expérience de Van-helmont, sur l'eau changée en Saule. Ce fameux chymiste renferma dans un vase d'argile deux cents livres de terre, séchée au four, et prit toutes les précautions de l'expérience la plus consommée, pour que la poussière de l'atmosphère ne put s'y introduire ; ensuite il y planta un tronc de Saule, du poids de cinq livres, ayant soin de n'arroser son vase que d'eau de pluye, ou d'eau distillée ; au bout de cinq ans, il pesa les deux substances. La terre rendue aride par la chaleur concentrée du four, ne se trouva diminuée que de deux onces : mais l'arbre avait gagné cent soixante quatre livres en bois, en écorces et en racines. Ce fait, que tous les subterfuges de la Chymie moderne chercheront en vain à infirmer, peut glisser sur le demi-sçavant : mais il éclaire les deux extrémités de l'échelle sociale, le peuple et le philosophe.

Le philtre dans l'animalité, rend non moins sensible le phénomène de ce genre de métamorphose.

Pour peu qu'on réfléchisse sur l'économie animale, on observe que les corps organisés, au moyen de la nutrition qui prolonge leur vie, transforment en leur propre substance, l'eau, l'air, et même le feu : l'eau surtout s'assimile parfaitement avec la charpente osseuse de la machine humaine et de celle des quadrupèdes: plus l'être organisé vieillit, plus cette assimilation s'opère avec promptitude, et quand enfin ce principe humide n'a plus d'influence, la source de la vie se tarit et le corps se décompose.

La transmutation de l'eau en terre se manifeste encore mieux dans le filtre des animaux à coquilles : il est évident, comme le fait entendre le Pline de la France, qu'une coquille est une vraie terre calcaire, née de la transpiration de l'animal qu'elle renferme : on la voit s'aggrandir, développer ses couches et ses anneaux à mesure que le corps prend de la croissance; et il en est, telle que celle de la tortue, qui excède soixante fois la masse de la machine animale qui la produit; un fluide tendant d'une manière aussi palpable à s'ossifier, démontre le charlatanisme de la demi-philosophie, qui s'obstine, malgré la nature, à faire de l'eau un élément.

Or, il n'existe point, sur-tout dans le sein des mers, de population animale plus prodigieuse que celle des coquillages : quand on est bien pénétré du fait majeur, qu'elle s'élève à un terme que l'imagination humaine, toute agguerrie qu'elle est à franchir les intervalles, ne sçauroit atteindre ; quand on se persuade ensuite qu'une création du globe qui ne remonte qu'à soixante siècles, étant un mensonge des Théocraties, la nature a eu tout le temps nécessaire d'amonceler ces coquillages, il est difficile de ne pas se convaincre que tous les rochers de marbre ou de craye, toutes les montagnes calcaires qui se sont élevées lentement au sein de l'Océan, ne soient originairement la dépouille des animaux dont l'humide radical s'est ossifié; et si le principe est vrai par rapport aux Isles, dont les mers baignent encore les flancs, pourquoi ne le serait-il pas par rapport à nos continents, que les mers ont évidemment surmontés ? l'organisation de notre demeure, n'a pas deux modes élémentaires; la nature a tout fait avec une loi primordiale, ou il n'y a point de nature.

DÉVELOPPEMENT
DE LA NATURE ORGANISÉE SUR LE GLOBE.

Enfin, la Carte du globe est projettée : il est temps que les germes des êtres s'y fécondent : il est temps, que le pouvoir générateur, essentiel à une matière active qui se modifie, y déploye toute son énergie et toute sa magnificence.

Je vais, suivant la méthode philosophique que je me suis créée, présenter d'abord quelques tableaux élémentaires, qui donneront une idée générale de l'ensemble de mon travail : les tableaux de détail leur succéderont ; de sorte que ce ne sera qu'à la fin de cet ouvrage, que ce chapitre aura tout son développement.

Il a été démontré, soit par la dialectique simple du raisonnnement, soit par l'histoire physique des couches de la terre, que l'Océan, descendu de l'atmosphère, avait couvert notre globe entier, jusqu'à une hauteur, qui ne peut être évaluée que par une philosophie conjecturale. Lorsqu'à la suite des travaux gradués de plusieurs myriades de siècles, cette eau métamorphosée par le philtre des animaux à coquilles, eut organisé les Volcans, les monts secondaires isolés, et les Chaînes de roches calcaires qui s'addossent aux montagnes primordiales, il est évident que la grande mer, perdant avec sa substance, la plus grande partie de son volume, la charpente de la terre dut se découvrir, du moins par le sommet de ses éminences : on ne peut opposer à cette théorie, que les sophismes stupides du préjugé, ou les mensonges sacrés de la Genèse.

Deux causes concoururent alors à resserrer l'Empire de l'Océan sur notre planète : l'une est la chute des cavernes immenses sur lesquelles son lit reposait ; l'autre est sa retraite successive des flancs des monts primordiaux, à mesure que la roche calcaire se formait de sa métamorphose.

La première cause eut des effets d'autant plus puissants, qu'on touchait de plus près au berceau des êtres organisés ; comme le globe, à cette époque, recelait encore dans son sein les dernières étincelles de sa conflagration primitive, le combat de ce feu interne avec l'eau qui filtrait au travers de ses massifs, dut occasionner des explosions terribles à son Équateur, et par contre-coup sur la plus grande partie de sa surface ; alors les énormes cavernes dont les parois soutenaient sa charpente, s'ébranlèrent, plusieurs de leurs voutes se rompirent, et l'Océan en fureur s'y précipita.

Il ne faut pas juger de ces convulsions primitives du globe, par nos petites éruptions de l'Etna ou du Ténériffe ; le tremblement de terre, qui de nos jours a renversé à la fois dans deux mondes différents Lima et Lisbonne, n'offre qu'une faible image de ces grandes catastrophes ; je me figure, à cet âge, les cavernes du globe à demi incendié, assés vastes pour soutenir des Chaînes de montagnes secondaires telles que le Jura ou les Pyrénées : je crois entendre le fracas de leur éboulement se propager d'un Pôle à l'autre : je me représente le vuide effroyable qu'elles laissent par leur chute, se remplir par des émanations de la mer universelle, du volume de la Méditerranée, ou du moins du Pont-Euxin.

Ces déchirements du globe pouvaient anéantir l'espèce humaine sur sa surface : mais heureusement la patrie de l'homme n'était pas encore préparée, et la nature qui n'organise pas pour détruire, ne manque pas de prévoyance.

A

À mesure que, par le dessèchement des grands plateaux et des éminences granitiques de nos deux hémisphères, le théâtre de la végétation parut s'aggrandir, l'homme appelé à régner sur le globe, eut moins à craindre de si effroyables catastrophes : l'Être du feu et des eaux s'affaiblit, les massifs de nos continents s'affermirent sur leur base, et le monde social put s'organiser en paix, à l'ombre de la souveraineté tutélaire de la nature.

Dès lors, ce ne fut plus qu'à de grands intervalles, et par des désastres bien moins effrayants, que le globe, encore mal assis sur ses fondements, fut secoué; le poids de l'Océan fit écrouler les voutes de quelques cavernes volcaniques, mais les principaux massifs des continents, conservèrent leurs appuis : de grandes Isles furent englouties, mais la mer qui les baignait de ses vagues, garda son bassin : des peuples entiers disparurent, mais le type du genre humain fut conservé.

C'est, par exemple, à une des époques du monde civilisé, époque très-antique pour l'histoire écrite de nos Monarchies, mais très-moderne, si on remonte au berceau du Globe, que notre philosophie placera l'éboulement de la fameuse caverne sous-marine de la Méditerranée, qui amena le naufrage de l'Atlantide.

Mais en général, quand la nature, en déployant sur les éminences alors arrondies de nos continents, tous les trésors de la végétation, appella l'homme pour vivifier la terre, les eaux dominatrices avaient rempli la plupart de ces cavernes incendiées, et le Globe ne s'ouvrait plus à la population que par la retraite lente et graduée des mers, qui baignaient les flancs de ses montagnes.

De cette théorie, émanent quelques rayons de lumières sur les époques non simultanées de l'organisation des êtres.

Puisque les mers ont entouré le Globe, pendant des myriades de siècles, il est évident que les animaux dont les mers sont l'élément, ont l'antériorité d'origine sur tous ceux qui constituent la grande échelle de la nature.

Et comme le méchanisme de la végétation est infiniment moins compliqué que celui de l'animalité, il y avait un intervalle de temps incalculable que les Fucus, les Algues et les autres plantes indigènes des mers, tapissaient le lit de l'Océan, lorsque les animaux qui se propagent dans ce fluide, s'organisèrent.

La nature, marchant toujours du simple au composé, la philosophie m'indique une organisation intermédiaire entre les végétaux et les poissons, c'est celle de ces êtres hermaphrodites, qui tiennent à la fois de la plante et de l'animal marin, des Litophytes, des Zigoépores, et sur-tout de ce

Corail, ouvrage immortel du ver le plus éphémère, qui admet une si prodigieuse multiplication, qu'il forme des récifs et des Isles entières dans le bassin des mers Australes.

Et, parmi les animaux indigènes de l'Océan, tout me persuade que les premiers qui ornèrent la scène de la nature, furent les coquillages.

Et il fallait bien que ces êtres marins, par qui s'opère avec le plus d'énergie le philtre de l'animalité, fussent presque contemporains de la descente de l'Océan sur le Globe, puisque nous avons vu que c'était de leurs dépouilles que se formèrent les roches calcaires, et les montagnes du second ordre, dont nos continents sont hérissés ; sans les coquillages, il n'y aurait sur la terre, ni végétation terrestre, ni quadrupède, l'homme, sur-tout, serait sans demeure, parce que le sol qu'il foule aux pieds ne serait qu'un Granit stérile, et que l'uniformité de sa surface, d'un Pôle à l'autre, ne se trouverait rompue que par les squélettes décharnés des montagnes primordiales.

Quand le règne de la nature, sur les corps organisés, fut solidement affermi au sein des mers, quand l'eau, qui partageait avec le feu l'empire de notre planète, resta souveraine sans partage, un nouvel ordre de chose s'établit; la retraite de l'Océan, laissant à nud les éminences Granitiques alors arrondies et revêtues d'une enveloppe calcaire, une nouvelle végétation vint vivifier la surface découverte du Globe ; et cette espèce de robe de la nature devait être bien supérieure à celle qu'elle s'était créée en silence dans les abymes des mers, parcequ'elle tenait des rayons générateurs du Soleil, son éclat et sa fécondité.

Nous avons fait pressentir quelle série effrayante de siècles une sage philosophie devait admettre entre le développement de la nature organisée au sein des mers, et la naissance de la végétation sur les premières éminences découvertes du Globe; l'analogie nous conduit à fixer encore un intervalle immense entre le développement de la végétation terrestre et la naissance de l'homme, que la perfection de son méchanisme animal place à la tête de l'échelle de la nature.

Et un pareil intervalle semble devoir être rempli par l'organisation successive, de tous les êtres qui constituent cette échelle; depuis la plante simple, jusqu'aux hommes qui tiennent sur le globe le sceptre de l'intelligence, jusqu'à Homère et Newton.

Non qu'une pareille théorie n'offre des difficultés, dont un esprit sage a droit de s'allarmer : mais quel est, en Cosmogonie, le système qui n'en a point? d'ailleurs, il n'existe aucune difficulté présentée par la raison contre mon hypothèse, que cette même raison ne puisse vaincre ; ajoutons qu'elle a l'avantage d'être jusqu'ici la seule que le Sage puisse éclairer de ses doutes, et la physique de ses expériences, depuis qu'on ne cherche plus dans les rêveries sacerdotales des Révélations, les titres de notre généalogie.

Il y a près de vingt ans, que les idées élémentaires de cette théorie se présentèrent à mon imagination, fatiguée de se traîner servilement à la suite du fanal à demi éteint des Védam et des Génèse; depuis, malgré le scepticisme méthodique, dont mon enthousiasme pour la vérité m'avait imposé la loi, je n'ai trouvé ni dans les livres des philosophes, ni dans mon entendement, de clef plus faite pour ouvrir les portes de notre monde élémentaire. Voici le texte dont il s'agit, tel qu'on le lit dans une troisième édition de la PHILOSOPHIE DE LA NATURE, qu'on commença à imprimer en 1775 : ce texte attaqué par la théologie, alors souveraine, n'a subi au-

cune atteinte de ses foudres impuissants ;
et j'espère qu'il sera accueilli de la raison
humaine qui marche sans lisières, jusqu'à
ce qu'une hypothèse plus philosophique
le fasse oublier.

» C'est la matière, dit-on, qui, en se com-
» binant, a organisé l'homme; mais quelle
» foule de difficultés, ne fait pas naître
» cette hypothèse? dans le calcul des pro-
» babilités, il a peut-être fallu mille siècles,
» pour que cette matière se modifiât au
» point de produire une intelligence; mais
» s'il fallut vingt millions de combinaisons
» pour faire naître un homme, il en faut
» cent milliards pour que, dans le même
» temps préfixe, il naisse une femme; de
» plus, qui protégera ces deux enfans qui
» viennent de naître? qui fournira le lait
» pour les nourrir? la nature aura travaillé
» cent mille ans à les former, et ils naî-
» tront pour mourir.

» Il me semble qu'on s'y est toujours

» mal pris pour composer notre généalogie:
» on a voulu que ce Globe, depuis sa for-
» mation, n'eut jamais été peuplé que par
» des hommes; mais pourquoi toujours
» des hommes sur la scène de la nature?
» est-il donc essentiel d'être organisé com-
» me nous, pour avoir de la sensibilité
» et de l'intelligence?

» Si l'on pouvait conjecturer que l'hom-
» me ne fut qu'une modification de la ma-
» tière, il est hors de doute qu'elle ne serait
» pas venu tout d'un coup à la production
» de l'être le plus compliqué qu'elle ren-
» ferme dans son sein : elle aurait parcouru
» successivement tous les dégrés de la
» grande échelle.

» Cette hypothèse n'offrirait rien de trop
» révoltant à la raison ; et il vaut mieux
» donner à l'homme pour tige immédiat
» de sa race, un Orang-outang, qu'un peu
» de limon qui s'organise à l'aide de Je-
» hovah ou des rayons du Soleil.

» Quand à l'être simple qui commence-
» rait la filiation humaine, sa naissance
» ne nous jette plus dans une série infinie
» de combinaisons ; tous les jours, des
» êtres simples naissent dans le vaste labo-
» ratoire de la nature, des fossiles incon-
» nus se forment, des plantes nouvelles
» s'organisent, surtout dans les climats
» fortunés de l'Asie, qui, jouissant d'un
» plus beau ciel, semblent par là le berceau
» naturel des êtres.

» Je ne fixe dans mon système la géné-
» ration de l'homme, qu'à l'époque de la
» formation du Globe, où la matière avait
» assés d'énergie pour maintenir son exis-
» tence : avant ce temps, d'autres êtres
» ont paru sur sa surface : dans la suite
» des siècles, si les principes générateurs
» diminuent dans son sein, la race hu-
» maine disparaîtra, mais sera remplacée
» par des machines intelligentes, moins
» compliquées; et cette dégradation suc-

» cessive ira toujours en s'augmentant,
» jusqu'à ce que notre Globe épuisé se re-
» nouvelle, ou disparaisse dans les déserts
» de l'espace.... »

Il n'y a qu'un système philosophique, qui, dans le silence des Révélations, puisse contre-balancer notre hypothèse; c'est celui où l'on ferait habiter le Globe, à la première époque de sa population, par ces êtres d'un ordre supérieur, que l'ignorance de la nature appelle des Dieux : les élémens générateurs, perdant peu à peu de leur énergie, ces intelligences, après un nombre prodigieux de siècles, seraient remplacées par les divinités dégradées, connues chez les anciens sous le nom de Héros, et à ces derniers succéderait l'homme, qui, par la destruction des deux dégrés antérieurs, se trouverait aujourd'hui à la tête de la hyérarchie des êtres.

Cette idée mériterait d'autant plus notre [atten]tion, qu'on la trouve, dans la langue hyéroglyphique, sur presque tous les monumens qui nous restent de ce que nous nommons la haute antiquité ; on raisonnait ainsi en Asie, en Grèce, et en Égypte, bien long temps avant que Moyse se fut avisé de couper le nœud gordien, qu'il n'avait pas le génie de délier, en ordonnant de croire que tout avait été fait de rien.

Maintenant même que, grace à la liberté de penser, on peut, sans péril, bannir la foi du domaine de la physique, cette généalogie de l'homme qui remonte aux Dieux par l'intermède des Héros, peut encore, au premier coup-l'œil, sourire à la raison, parce qu'elle justifie une des bases les plus évidentes de toutes les Cosmogonies, c'est-à-dire, le fait majeur, que la nature dut déployer une plus grande puissance génératrice dans les temps voisins de son adolescence, qu'aux époques, où ses organes fatigués, semblaient appeller la vieillesse.

Mais, quelque spécieuse que soit cette théorie, elle ne saurait soutenir long-temps les regards d'une philosophie sévère; comment des Dieux sont ils jettés tout d'un coup sur la surface du Globe? si on les fait créer par un pouvoir supérieur, nous voilà retombés dans l'absurdité sacerdotale que le néant est le germe de l'être; si on en fait l'ouvrage de la combinaison des élémens, voilà la nature qui, violant ses loix primordiales, marche du composé au simple, et s'essaye par des chefs-d'œuvres à organiser des êtres imparfaits, qui appellent le néant et la mort.

Ne serait-il pas possible de rectifier cette tradition à la fois philosophique et populaire de la haute antiquité, en la conciliant avec l'hypothèse, que je soumets en tremblant à toutes les lumières.

Il me suffit d'établir un dogme qui me semble éternel dans l'évangile de la raison : c'est que, lorsque la nature était neuve et imprégnée de principes de vie, elle tendait rapidement à perfectionner ses ouvrages; et que, depuis que ses ressorts, usés par le frottement des siècles, se sont affaiblis, elle tend, mais par des nuances insensibles, à les détériorer, jusqu'à ce que son pouvoir générateur, étant totalement anéanti, notre planète, ainsi que la Lune et Saturne, éprouve le néant de l'opacité, et la solitude éternelle des tombeaux.

D'après cette vue générale, je me figure que l'organisation a commencé par des êtres simples, et s'est élevée graduellement, mais d'une manière rapide, jusqu'aux plus composés; et qu'après un long période, qu'on pourrait appeller le Solstice de la nature, elle est descendue et descendra encore, mais par une dégradation insensible, de l'être le plus composé, jusqu'à ce qu'elle atteigne l'être le plus simple, ou celui qui par sa structure élémentaire s'approche le plus des dernières limites de la sensibilité et de l'intelligence.

Dans cette hypothèse, la nature vivante aurait commencé, sur les éminences découvertes du Globe, par la végétation : ensuite par l'intermède de la Sensitive, de l'animal-plante, de l'amphybie, elle se serait élevée jusqu'au dernier dégré de l'échelle, c'est-à-dire, jusqu'à ces intelligences d'un ordre supérieur, que la crédulité humaine a appellées des Dieux. Arrivée à ce période, qui constitue le dernier terme de son pouvoir générateur, elle se serait arrêté pendant des myriades de siècles, se reposant comme l'Hercule Grec sur sa massue : ensuite elle n'aurait plus organisé que des Dieux-Hommes, c'est à dire, des Héros : et l'age de stérilité s'approchant, l'homme faible, borné dans ses facultés physiques et dans son intelligence, se serait placé avec orgueil au premier rang de la hyérarchie des êtres.

Les monuments de l'histoire, ne dattant

que de la dégradation du Globe, il ne nous reste aucune trace de la période de la nature qui s'élève, mais celle de la nature qui descend nous a été conservée dans une tradition de la Haute Asie, transcrite par les prêtres-philosophes de l'Égypte; ils ont dit que les Dieux avaient régné neuf mille ans, sur les plaines fécondées par le Nil, que leurs successeurs avaient été des Héros, tels qu'Hermès, dont la vie était bornée à quelques siècles, et que ces derniers avaient été remplacés par des Rois-hommes, qui ouvraient la chronologie des Dynasties.

Au reste, quelque spécieuse que soit cette théorie, je suis loin de la proposer comme un des articles du symbole de la raison : je ne demande point qu'on l'admette, mais qu'on l'examine. Dans la suite, quand la physique aura fait plus de progrès, la masse des faits ayant augmenté, il sera aisé de bâtir, avec ces matériaux, une meilleure

meilleure Cosmogonie : mais alors même le philosophe me sçaura encore quelque gré d'avoir essayé d'entrouvrir le voile, derrière lequel la nature travaille à l'organisation des êtres, et de l'avoir fait sans contrarier la physique, et sans recourir à la baguette sacerdotale des prodiges.

ÉLEMENS
DE LA THÉORIE DU GLOBE,
PENDANT LA PÉRIODE DE L'ORGANISATION DES ÊTRES.

Nous touchons aux élémens philosophique de l'histoire; et, jusqu'à ce que la physique ait parlé, il faut reléguer le règne des Dieux sur la terre parmi les rêveries oubliées, du sacerdoce.

Il résulte de notre théorie sur la retraite d'abord précipitée, ensuite graduée des mers, que notre Globe s'est découvert par les montagnes voisines de l'Équateur ; ainsi les héros, et après eux les hommes ont dû peupler d'abord les hauteurs du Caucase, et, quelques siècles après, les Chaînes de cet Atlas, qui se prolonge dans toute l'étendue de l'Afrique, depuis la Mer Rouge jusqu'au détroit de Gibraltar.

Quand les éminences pyramidales du Globe se trouvèrent couvertes d'hommes, la nature s'aggrandissant sous leurs pas, ils cherchèrent à se propager sur ses éminences convexes; de là, l'origine de la population sur ce vaste plateau de la Tartarie, qui paraît soutenir la charpente de l'Asie entière.

Le plateau de la Tartarie, la première montagne convexe du Globe, puisqu'elle a six cents lieues d'enceinte, est aujourd'hui après les cimes des Andes, du Mont-Blanc et du Caucase, le pays le plus élevé des deux continents. Les plus grands fleuves de l'Asie, tels que l'Oby, la Léna, le Jenisei, l'Amur, et même le Hoango de la Chine, y prennent leur source; et quand le Géomètre Verbiest voulut, au commencement de ce siècle, soumettre cette hauteur à ses calculs, il la trouva d'une lieue astronomique au-dessus de la mer la plus proche de Pékin.

C'est sur le plateau de la Tartarie, que parut le peuple instituteur de notre monde dégénéré : le seul des temps primitifs qui, après avoir secoué l'esprit humain, a laissé des traces de ses lumières, jusques dans la mémoire de la race cruelle qui l'a anéanti.

Avant d'examiner ce que la Grèce dut à cette nation primitive, continuons de parcourir le Globe à grands traits, et d'appuyer, sur son développement successif, la filiation des premiers peuples qui ont occupé le burin de l'histoire.

Il est évident que la population de notre monde a commencé par les pays élevés ; ainsi les habitans des contrées basses et voisines de la mer, tels que l'Égyptien, le Grec, l'Irlandais, qui se sont prétendus autochtones, ont menti également à la nature et à l'histoire.

L'Asie est la partie de la terre la plus élevée; c'est donc dans son sein qu'il faut chercher la métropole de cette foule de colonies qui ont peuplé successivement le Globe, du mont Caucase aux terres Australes.

La population a commencé par les montagnes. Alors l'Asie n'était qu'un Archipel; une mer immense séparait l'Isle du Caucase de l'Isle du Taurus, et celle-ci des Iles plus rapprochées, du Liban et de l'Anti Liban.

Des écrivains sans principes, accoutumés à glaner d'une main servile dans les champs de l'histoire, ont écrit que les hommes primitifs avaient d'abord peuplé les côtes de la mer, et que de là ils s'étaient répandus successivement sur les éminences du Globe. Ce paradoxe analysé supposerait que tout vient de la mer, et que l'homme a une origine commune avec les baleines et les requins.

Consultons les traditions anciennes ; nous verrons que tout a commencé par les montagnes. Les Scythes du Caucase ont précédé les cultivateurs des plaines arrosées par le Tigre et l'Euphrate. C'est des hauteurs de Derbent que sont descendus les législateurs de la première Monarchie des Perses. Le Liban a été le berceau de l'antique Syrie; l'Égyptien est parti des rochers de l'Éthyopie pour aller cultiver la longue vallée de la Thébaïde. L'Afrique s'est peuplée par la Chaîne de l'Atlas, et l'Europe par l'Apennin, par les Alpes et par les Pyrénées.

Il existe encore, dans un monde que nous avons vu naître, un suffrage bien authentique pour notre théorie ; quand Pizarre et Cortez parurent en Amérique pour la changer en déserts, il n'y trouvèrent que deux peuples anciennement policés, celui du Mexique et celui du Pérou ; or, la capitale de l'une est à une égale distance des deux mers, et celle de l'autre a pour base la plus haute montagne du Nouveau-Monde.

Les montagnes de l'Asie, patrie du peuple primitif, sont bien loin, il est vrai, d'attester par leur hauteur prodigieuse, leur antiquité vénérable. Il parait prouvé par les calculs de la physique moderne, que le Mont-Blanc dans les Alpes et la partie des Cordilières qui domine le Pérou, s'élèvent encore plus dans les nuages, que le Liban ou les cimes du Caucase.

Mais ce fait qu'on oppose à notre théorie pour la renverser, lui prête au contraire un nouvel appui. Les premières montagnes du Globe, à force de lutter contre le torrent des siècles, ne sont parvenues jusqu'à nous que dans un état de dégénération, qu'elles partagent, au reste, avec la nature. Toutes se sont abaissées, et la plupart, de convexes sont devenues pyramidales.

Continuons les élémens de notre théorie, en recherchant des principes généraux, sur l'architecture du Globe, qui ne puissent être désavoués par les écrivains, qui ont étudié la géographie en philosophes.

L'Océan a laissé sur toute la terre des traces ineffaçables de son séjour primitif sur sa surface : aujourd'hui même que ses limites semblent, jusqu'à un certain point, fixées, il fait effort contre les continents qui lui résistent : son seul mouvement d'Orient en Occident lui a fait engloutir les terres dans une profondeur de cinq cents lieues, soit en Asie, soit en Amérique. Ainsi les bornes Orientales des deux mondes ont été reculées, et le Globe dessiné par les Strabon et les Ptolémée, semble étranger à celui que dessinent aujourd'hui les Buache et les Danville.

Si l'on pouvait douter un moment de ces grandes révolutions physiques, qui ont changé plusieurs fois la face de notre planète, il suffirait de jetter un coup-d'œil sur cette foule de mers produites par l'irruption de l'Océan dans les terres : sur les Golphes d'Arabie, de Bengale et de Ceylan : sur les mers Baltique et du Kamschatka : sur cette Méditerrannée, qui s'étend à plus de 900 lieues, et qui n'existerait pas, si la mer, qui entoure le Globe, n'avait renversé la barrière que la nature lui opposait à Gibraltar.

Et quand, on pourrait soupçonner que les Détroits formés par l'irruption de l'Océan, sont aussi anciens que le Globe, il faudrait bien se laisser convaincre par la vue de cette foule d'Archipels, dont la mer est couverte à peu de distance des deux mondes : par ces Isles de la Grèce, par ces Antilles, par ces Maldives, qui ne sont que des Chaînes de montagnes dont la base réside au fonds des eaux, et d'antiques débris d'un continent submergé.

En même temps que l'Océan subjugue cette partie du Globe, contre laquelle il pèse, les Méditerranées, qu'il forme, diminuent insensiblement de volume; et il faut l'attribuer en partie à cette foule de grands fleuves qui charrient lentement le limon qu'ils recelaient dans leur sein, le déposent par couches horisontales, et en élevant ainsi les terres, regagnent au centre du Globe, les domaines que l'Océan avait envahis à ses extrémités.

Ce double principe, de l'Océan, qui subjugue les limites de la terre, et qui ne pénètre dans son sein que pour en être subjugué, répand le plus grand jour sur la nuit profonde qui semble couvrir l'histoire physique de la nature.

Une multitude de faits déposent en faveur de ces vérités; et si les monumens historiques qui les constatent ne sont pas en plus grand nombre, c'est que les révolutions du Globe ne s'opèrent d'ordinaire que par la destruction de la génération d'hommes qui pourrait en perpétuer la mémoire. Le monde que nous habitons est, à quelques égards, le cadavre d'un géant égorgé dans un désert : nous ne pouvons lire son histoire que dans ses cicatrices.

Voyons, si l'examen des cicatrices du Globe en Asie peut conduire à une Histoire du Monde Primitif.

Nous avons vû que la mer en se retirant avait dû laisser d'abord à découvert le sommet des montagnes. De là la formation au sein des eaux d'une foule d'Isles, qui, dans la suite, se réunirent entr'elles, formèrent des Péninsules, et finirent par organiser des continents.

J'ai fait pressentir aussi, au commencement de cette théorie, que la Chaîne du Caucase, qui s'étend sous divers noms, des bornes de l'Europe, jusqu'à la Chine, avait été une des premières Isles habitées par les hommes primitifs : que notre race s'était propagée long-temps après, dans l'Isle de ces monts Atlas, qui séparent la Barbarie du Biledulgérid, et dont la Mer

Atlantique a tiré son nom, et qu'enfin la population humaine avait atteint l'Isle formée, par ce vaste plateau de la Tartarie, qui passe avec raison pour la plaine la plus élevée de l'univers.

La distribution ancienne de notre Globe en Isles, que je viens d'indiquer, n'est point un problème pour un excellent observateur; il suffit d'ouvrir un Atlas pour voir la nature travailler en silence à la formation des Isles, en augmenter insensiblement l'étendue, et les joindre enfin à la terre ferme: si nous avions des Mappemondes qui remontassent à soixante siècles, d'autres dont l'époque ne fût reculée que jusqu'à trente, et que nous pussions les comparer toutes avec les nôtres, le parallèle de ces Cartes suffirait pour mettre ce fait dans toute son évidence, et je me dispenserais d'écrire cette partie de mon ouvrage.

Les deux Presqu'Isles qui constituent le Nouveau-Monde, ont été originairement séparées, et les gorges des montagnes de Panama formaient alors dans cet hémisphère un second Détroit de Gibraltar.

Ces deux Presqu'Isles de l'Amérique, n'existent même comme continent que depuis un petit nombre de siècles : l'inspection des terres, neuves encore, l'histoire de leurs peuples, récemment issus des montagnes, prouvent que dans un temps antérieur elles étaient partagées en un grand nombres d'Isles, dont les principales étaient les Cordilières et la Chaine des monts Apalaches.

Il est hors de doute que la petite Isthme de Suez ne touche point à l'organisation primitive du Globe, et qu'ainsi l'Afrique n'a pas toujours été réunie au reste de l'Ancien Monde.

L'Arabie, entourée presque circulairement par le Golphe Persique, par la Mer Rouge et par l'Océan Indien, fut évidemment une Isle avant de devenir une Péninsule.

La grande Presqu'Isle de l'Inde, et celle de l'Italie, ne paraissent pas tenir de temps immémorial à leurs continens.

Examinons à une extrémité de notre Europe, cette vaste contrée, qu'on connaît sous le nom des Couronnes du Nord : voyons-la baignée, presqu'en tout sens, par l'Océan Septentrional et par la Mer Baltique : est-il vraisemblable que cette langue de terre, par laquelle elle tient à la Russie, ait toujours existé ? Les lacs Ladoga et Onéga ne sont-ils pas les restes visibles de l'ancienne union du Golphe de Finlande à la Mer Blanche ?

Je ne sais si je me trompe ; mais il me semble que cette division du Globe en Isles primitives est un des plus grands traits de lumière jettés sur l'histoire. Au défaut des monumens littéraires, que le temps ou la barbarie ont fait disparaître, on pourmit peut être fixer à peu près l'âge des peuples, par l'examen philosophique des pays qu'ils cultivent : ceux qui sont de temps immémorial au centre d'un continent, seraient les pères des hommes; après eux il faudrait faire marcher les habitans des plus anciennes Péninsules ; et les hommes les plus nouveaux seraient les Insulaires.

Ce principe donne la clef de l'histoire ancienne : on voit que l'habitant du Caucase et du plateau de la Tartarie a pu se croire Autochtone ; que celui des Presqu'Isles de l'Inde et de l'Arabie n'a dû céder qu'au peuple primitif le privilège de l'antériorité, et que les dernières Sociétés du Globe ont dû se former aux Maldives, aux Isles Australes et au Nouveau Monde.

Mais le moment n'est pas encore venu de dénouer entièrement le nœud go.d.en que les Alexand... de l'histoire n'ont cherché jusqu'ici qu'à couper.

Il n'est point inutile d'observer ici avec quelle facilité la théorie du Globe, que je viens d'exposer, se concilie avec le respect profond des anciens pour les Isles. Veulent-ils opposer les sauvages, qui n'ont que des mœurs, aux peuples civilisés, qui n'ont que des loix, ils font descendre le Scythe Abaris de l'Isle des Hyperboréens? Qui est-ce qui a transmis en caractères d'or sur une colonne les exploits de Saturne, d'Ouranos et de Jupiter? Ce sont les Insulaires de la Panchaïe d'Evhémère. Où réside le bonheur sur ce globe? Chez les Insulaires d'Elixos. Quelle fut la patrie d'une Colonie du peuple primitif? L'Isle Atlantide. Quand on lit avec attention les livres des historiens et les apologues des philosophes, on voit que les Insulaires sont toujours un objet de culte pour les anciens; et quand on sçait que ces Insulaires ont été nos pères, on ne doit plus s'étonner qu'on en ait fait les précepteurs du genre humain.

Cette

Cette Carte élémentaire du Monde Primitif ainsi projettée, presque toutes les difficultés vont disparaître dans la projection des Cartes de détail.

Maintenant la curiosité philosophique, si difficile à satisfaire, demande que, pour classer avec ordre le petit nombre de faits que nous présente l'Histoire du Monde Primitif, je tente de fixer quelques époques de l'émersion graduée de la terre, au dessus de l'Océan, depuis l'avènement de la nature.

ESSAI SUR LES ÉPOQUES
DE L'ÉMERSION DU GLOBE,
DEPUIS L'ORGANISATION DES ÊTRES.

Nous avons vu que, longtemps avant le développement de la nature organisée, les grandes cavernes, sur lesquelles reposait le massif de nos continents, avaient dû être pour la plupart obstruées de décombres et remplies par les eaux de la grande mer, qui pesait sur leurs voutes entr'ouvertes. Ainsi le Globe, depuis ces terribles Cataclysmes, ne s'élevant en général que par des nuances insensibles au dessus de l'Océan, il en resulterait, que, changeant mathématiquement de face à chaque minute, le calcul pourrait à peine fixer l'effrayante multitude des époques de son émersion; mais il ne s'agit pas ici de dessiner la Terre, du petit point de sa surface où nous sommes placés : il faut que le philosophe transporte sur une autre planète son Observatoire et ses crayons ; à cette hauteur, le Globe ne se présentera plus que par ses masses les plus saillantes, et des siècles s'écouleront, avant que la géographie physique atteigne la plus faible de ses vicissitudes.

Il en est ici de la Terre comme de l'être intelligent qui l'habite : si, le scalpel philosophique à la main, on tentait à chaque instant l'anatomie du corps humain, à chaque instant on y découvrirait des différences, effet nécessaire de l'organisation de tout être actif, et qui ne l'est que parce qu'il se modifie; cependant, pour crayonner avec quelque méthode, son histoire physique, on est convenu de la réduire aux quatre époques de son berceau, de son adolescence, de sa virilité et de sa décrépitude. Telle doit être la perspective du

Globe pour l'historien du Monde Primitif:
il faut dédaigner toutes les petites variations
partielles, qui résultent de la retraite insensible du fluide dans lequel il est plongé,
et ne fixer qu'à un très-petit nombre d'Ères,
la Chronologie mémorable de son émersion.

Le philosophe, comme le Jéhovah des
Hébreux, ne met que six temps à organiser le Globe, tel qu'il est dessiné aujourd'hui par les géographes.

Première époque. — C'est celle où toutes
les éminences primordiales, s'élevant, non
à la fois, mais successivement au dessus
des eaux, offrirent un théâtre à la végétation terrestre, et préparèrent le trône où,
dans la suite des ages, l'homme se placerait comme roi de la nature.

Vers le milieu de la période qui nous
occupe, le Globe se trouva divisé en un
petit nombre d'Isles dont les flancs, à une
profondeur incommensurable, étaient baignés par les flots d'une mer unique, et qui

tenaient par leurs bases, au massif central sur lequel reposent nos trois mondes.

Une de ces Isles était formée, dans le bassin des mers Australes, par les montagnes colossales de cet Archipel Sandwich, où l'intrépide Cook a été à la fois divinisé et assassiné : par ce mont d'Owhyhée, qui s'élève encore aujourd'hui à trois mille soixante six toises, par ce Pic de Mowée plus gigantesque encore, puisqu'on l'apperçoit en mer de cinquante lieues.

Il faut mettre au rang des Isles primordiales, les Cordilières, qui constituent la charpente du Nouveau-Monde : car cette partie du Globe, si neuve, quand on la considère du côté de ses plaines à demi inondées, touche au développement élémentaire des êtres par ses Pics du Pichinca, du Coraçon et du Chimboraço, inaccessibles à tout ce qui respire, excepté aux Condors et aux Vautours.

Une autre Isle contemporaine de l'organisation des êtres primitifs, fut ce massif des Alpes Helvétiques, qui semble dominer notre hémisphère par ses sommités du Screckorn et du Mont Blanc.

Mais ces trois Isles, trop éloignées du vrai berceau de la nature, ne furent, pendant une foule de siècles, que des écueils solitaires, dont les navigateurs les plus intrépides du Monde Primitif, ne pouvaient pressentir l'existence : il a fallu que l'Asie et l'Afrique eussent les flancs de leurs hautes Chaînes couverts de peuples civilisés, pour que l'Europe existât pour l'histoire ; et le torrent des siècles avait déjà sillonné toutes nos Monarchies, quand les hommes ont pu se propager, d'abord au Nouveau-Monde et ensuite aux Terres Australes.

Le vrai noyau de la population humaine est dans le climat le plus vivifié par les feux générateurs du Soleil, dans l'Isle formée par les éminences de la Chaîne mère du Caucase.

Le Caucase alors était le point le plus élevé du Globe ; et même encore aujourd'hui que tant de millions de siècles entassés sur lui en ont abbaissé les cimes et dégradé l'architecture, il domine sur l'Asie presqu'entière, soit par son tronc, entre la mer Caspienne et le Pont-Euxin, soit par ses branches du Taurus, de l'Immaüs, du Paropamise et des roches du Tibet qui prolongent son empire jusqu'à l'extrémité de la Chine et à la mer des Indes.

Vers le temps où l'Isle du Caucase, la Métropole de l'Archipel de l'univers, s'élevait au dessus de l'Océan, les cinq Chaînes de l'Atlas se dessinaient en Afrique, et préparaient une patrie aux Colonies nombreuses, issues des patriarches du genre-humain.

Enfin on peut compter parmi les Isles contemporaines de celle du Caucase, ce Plateau de la Tartarie, élevé encore aujourd'hui de trois mille pas géométriques au dessus des mers de la Chine, qui occupe vers le milieu de l'Asie, un espace de 600 lieues de circonférence, et d'où les plus beaux fleuves de notre hémisphère prennent leur source, tels que l'Oby qui va se rendre à la Mer Glaciale, l'Amur qui porte ses eaux dans celle du Kamsatka, et le Hoango, dont l'embouchure est à la mer du Japon.

Seconde époque. — J'appelle de ce nom la période où la mer unique, abandonnant les flancs des montagnes primitives, réunit les Isles en Péninsules, et les Péninsules en Continents : c'est dans cet age que s'organisèrent les deux premiers mondes du Globe, l'Asie et l'Afrique.

Alors l'Isthme de Suez n'existait pas encore ; et la Métropole du Caucase ne pouvait envoyer des Colonies en Afrique, qu'en encourageant les navigations de ses Argonautes.

L'Asie, dans ces temps reculés, était

loin d'avoir l'étendue qu'on lui donne dans nos Mappemondes.

La Sibérie, et une partie de la Tartarie Russienne se trouvaient sous les eaux ; l'Arabie, la Presqu'Isle de Malaca, et peut-être celle de l'Inde n'étaient point unies au Continent ; et il n'existait aucune communication, du côté de l'Occident, entre l'Asie et le reste du Globe, parce qu'un Océan unique réunissant ce que nous nommons aujourd'hui la Mer Glaciale, la Mer Caspienne et le Golfe de Perse, formait une Zône, du Cercle Polaire Arctique au Tropique du Cancer, et permettait une navigation continue, dans cet effroyable intervalle, qui sépare Archangel du Golfe de Guzarate.

L'Afrique, à cette époque, était encore plus circonscrite que l'Asie ; le Delta, la plus belle partie de l'Égypte, n'avait pas été créé par le Nil : ces vastes déserts de sables, qu'on nomme encore aujourd'hui mer de Barca, mer de Cyrène, mer d'Ammon, couverts alors des vagues de l'Océan, remplissaient toute l'étendue de leur étymologie; et la moitié du continent, qui s'étend l'espace de trente-cinq dégrés, depuis la Ligne jusqu'au Cap de Bonne Espérance, n'existait pour la nature organisée que par les Chaînes de ses montagnes primordiales.

Il est difficile à une philosophie sage d'affirmer quels étaient les habitants de la Terre, à la première époque de l'organisation des êtres; de décider si l'échelon supérieur de la grande échelle de la nature, se trouvait occupé par ces intelligences supérieures, que le vulgaire des sages a appellées des Dieux; mais tout indique que, dans le second âge, où l'Asie et l'Afrique se formèrent en continents, les héros, espèce de race intermédiaire entre les Dieux et les hommes, tenaient le sceptre de la Terre, du Caucase à l'Equateur, et de l'extrémité Orientale de la Chine jusques vers le détroit de Gibraltar.

Troisième époque. — C'est la plus célèbre pour notre mo. de dégénéré : c'est l'époque de la naissance de l'Europe.

Et quand l'Europe s'organisa en continent, il s'en fallait bien qu'elle eut les 152000 milles quarrés que notre géographie moderne lui attribue : circonscrite de tout côté par les vagues de l'Océan, elle était loin de prévoir, que, par ses conquêtes sur les mers, par sa grande population, par ses quatre siècles de lumières, elle formerait un jour le plus grand poids dans la balance de l'univers.

Si nous étudions les limites de l'Europe du côté de l'Orient, nous verrons qu'elle était séparée de l'Asie par une branche immense de la mer Glaciale, qui se réunissait à la Méditerranée, par l'intermède du Pont-Euxin.

Alors la plus grande partie de la Russie d'Europe, l'Ukraine et la petite Tartarie étaient sous les eaux : le Péloponèse presque totalement submergé n'était accessible qu'aux Argonautes des ages primitifs.

L'Europe au midi avait aussi d'autres limites que celles que présentent nos Mappemondes : l'Italie, couverte des eaux de la mer du côté de Bologne, formait une Isle, et la plus grande partie de la France submergée ne tenait à l'Espagne inculte et surchargée d'eaux stagnantes, que par la Chaîne des Pyrénées.

Entre l'Italie et le continent de l'Afrique, se trouvait à cette époque cette célèbre Atlantide, qui joue un si grand rôle dans les annales de la haute antiquité, et dont les débris, après sa submersion, formèrent la Corse et la Sardaigne.

Si nous remontons vers le Nord, nous trouvons, soit dans l'histoire physique, soit dans l'histoire écrite, des traces de l'antique circonscription de l'Europe : il suffit de jetter les yeux sur la Carte de la la Russie, de la Suède et du Dannemark, pour s'assurer que ces empires morcelés partout par des lacs immenses, par des Golfes, par des mers intérieures, ne tiennent pas de temps immémorial à notre Continent : tout annonce que, vers l'age qui occupe nos regards, ces trois royaumes ne formaient qu'une seule Isle, sous le nom de Scandinavie : alors la mer Baltique s'unissait à la mer Glaciale, soit par la prolongation du Golfe de Bothnie, soit peut-être par le Golfe de Finlande, dont les lacs de Ladoga et d'Onéga attestent la jonction peu éloignée avec la Mer Blanche.

Le reste de l'Europe vers le Nord-Est, c'est à-dire, les contrées Hyperboréennes des anciens, étaient encore des Isles, au temps peu éloigné, où les traditions historiques étaient recueillies par les écrivains de la Grèce et de Rome ; on en voit la preuve dans des textes authentiques de Pline, de Diodore et d'Étienne de Byzance.

Pour avoir une idée précise du Globe

divisé en Archipels, et offrant l'Asie, l'Afrique et l'Europe, toutes trois isolées, qui commencent à se projetter en Continents, il faut avoir sous les yeux ma grande Carte du Monde Primitif, a l'époque de l'origine des premiers empires connus : Carte très-neuve, mais très-vraye, qui souleva dans le temps les géographes à routine, faits pour ne suivre que les routes frayées de l'erreur, mais que personne n'a encore osé refuter.

Quatrième époque. — Elle présente à l'historien philosophe la réunion des trois grandes Isles de l'Asie, de l'Afrique et de l'Europe en un seul continent.

Cette réunion commença probablement à se faire entre l'Asie et l'Afrique, parce que le plateau élevé qui constitue aujourd'hui l'Isthme de Suez, s'élevant au dessus des flots, rompit la communication entre la Méditerranée et la Mer Rouge.

Vers le même temps, les Isles du second

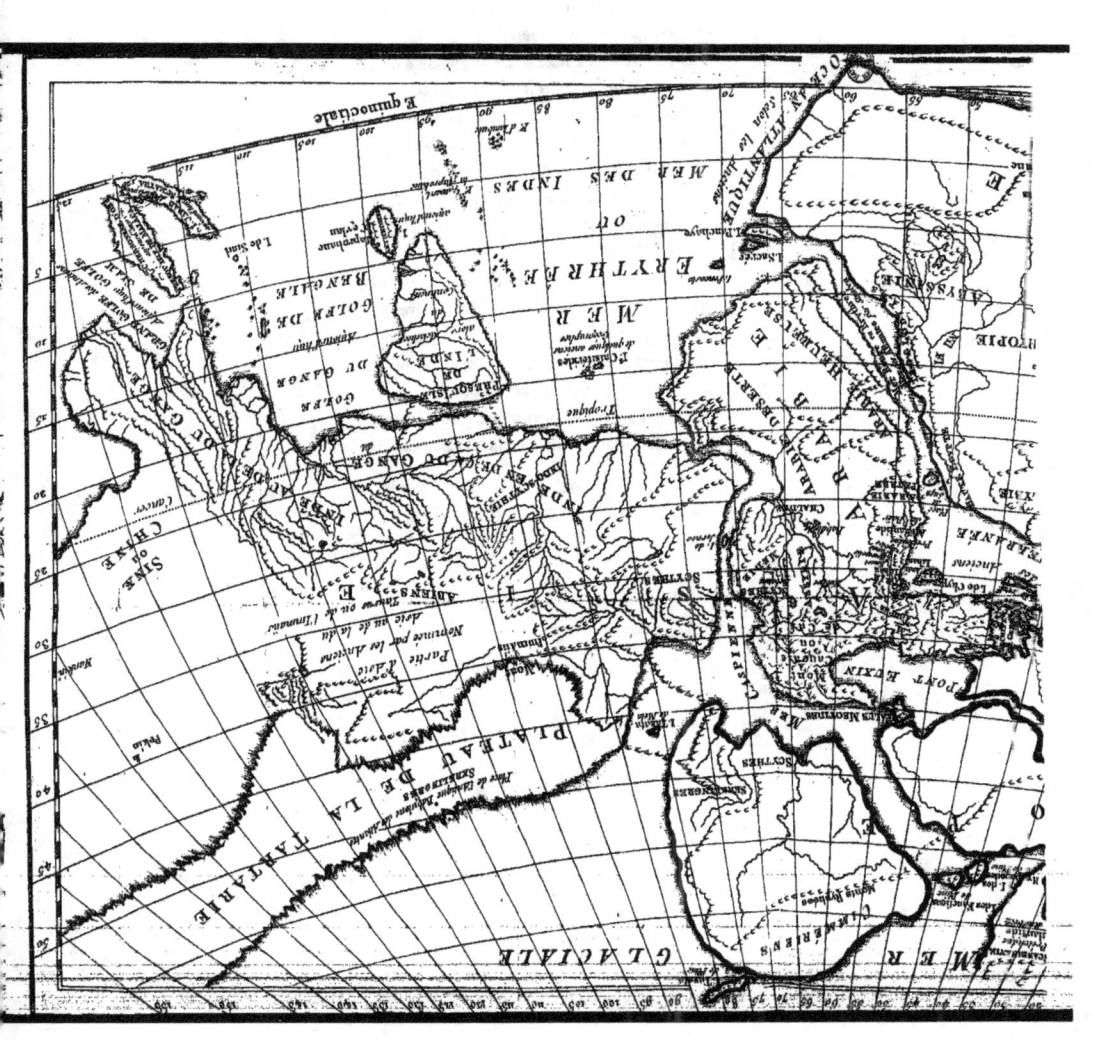

ordre se formaient en Péninsules : la Chersonnése d'or, que nous nommons la Presqu'Isle de Malaca, s'attachait au continent, l'Indostan voyait tarir le bassin des mers qui l'isolait à la hauteur d'Orixa, et de Surate, l'Italie n'avait plus de Détroit du côté de Modène et de Bologne.

La jonction de l'Asie et de l'Europe s'opéra plus tard; il fallut le laps de plusieurs siècles pour que la mer du Nord cessât de nous servir de barrière du côté de l'Orient, et qu'on vit tarir le double canal qui l'unissait, par l'intermède de la Mer Caspienne, d'un côté au Pont-Euxin et de l'autre au Golfe de Perse.

Ce fut encore plus tard que la Scandinavie, ou les couronnes du Nord, se lièrent à l'Europe par le desséchement du golfe de Bothnie, au dessus de Tornéa, ou par l'isolement des lacs de Ladoga et d'Onega, restes de l'ancien bassin qui faisait communiquer le Golfe de Finlande à la Mer Blanche.

Cette quatrième époque de l'émersion du Globe, est infiniment importante dans son histoire physique, parce que c'est alors que l'Océan cessa d'être la mer unique qui servait de ceinture à nos continents ; une foule de mers Méditerranées qui se formèrent au milieu des terres desséchées, perdirent leurs noms avec leurs anciens lits ; des Détroits mêmes, qui n'étaient évidemment que des bras de l'Océan, parurent appartenir aux contrées qu'ils arrosaient, et cette nouvelle grammaire, si utile aux navigateurs, contribua à couvrir de nuages les origines du Monde Primitif.

Cependant cette nomenclature des mers ne s'acheva que graduellement : une tradition historique, que la haute antiquité nous a transmise, nous annonce que pendant longtemps la plus grande partie des mers individuelles de l'Asie et de l'Europe, pri également le nom d'Atlantique : et il es évident, comme nous le verrons dans l suite

suite de cet ouvrage, que ce ne fut qu'auprès le naufrage de l'Atlantide, que ce nom générique disparut peu à peu, pour faire place aux dénominations modernes de Méditerranée, de Mer Rouge, de Golfe Persique et de Mer Caspienne.

Cinquieme époque. — Elle datte du tems, très-postérieur à la formation des empires connus, où l'Amérique se dessina en continent, et ajouta par un autre hémisphère un contre-poids à la balance du Globe.

Et quand je parle d'un temps postérieur à l'organisation même de l'Europe, je suis loin de croire que la retraite de l'Océan des plaines du Nouveau-Monde, ne remonte qu'aux hardies navigations de Colomb et de Vespuce. D'abord il existe des monuments qui attestent, que des Argonautes Européens commerçaient avec le Brésil, plusieurs siècles avant la prétendue découverte de l'Amérique; ensuite, quand on lit l'histoire ancienne en philosophe, on ne peut se dissimuler que les Phéniciens, connus pour avoir exécuté des voyages autour du monde, n'eussent rencontré plusieurs fois sur leur route, soit l'Archipel des Antilles, soit le Continent, auquel, du côté de la mer du Nord, il sert de barrière.

L'émersion du Nouveau-Monde ne s'opéra que par dégrés; je conçois que pendant des myriades de siècles, il n'exista dans sa partie inférieure que par son Plateau du Pérou, où Quito est situé : ce Plateau est, avec celui de la Tartarie, la plaine la plus élevée du Globe : il est reconnu, par les observations Barométriques des Académies, que l'air y est d'un tiers plus fluide que celui que nous respirons; et c'est là sans doute que s'arrêtèrent les premières Colonies Américaines, quand elles descendirent des hauteurs de la Chaîne des Cordilières ou de celles des Apalaches.

Lorsque les plaines inférieures du Plateau du Pérou commencèrent à se découvrir,

les deux grandes Péninsules de l'Amérique
Septentrionale, et de l'Amérique Méridionale, restérent encore long-temps séparées;
je me figure qu'alors les gorges des montagnes de Panama, pouvaient constituer
une espèce de détroit de Gibraltar dans cet
hémisphère.

Enfin l'Isthme, en s'organisant, servit
à lier les deux Presqu'Isles; un mur éternel s'éleva entre la mer du Sud et celle
du Nord, et on put appeler Continent le
massif du Nouveau-Monde.

Le Nouveau-Monde n'est encore parfaitement dessiné que dans la Péninsule du
Midi; celle du Nord tend sans cesse à subjuguer les deux mers qui baignent ses rivages; et on peut juger de la prodigieuse
lenteur de ses conquêtes, par les vestiges
innombrables du séjour primitif des eaux,
qui défigurent encore sa surface : par la
quantité de lacs dont le Canada est hérissé;
par les mers Vermeille et de l'Ouest, qui

mutilent ses rives Occidentales, et par les Méditerranées que forment dans son sein, du côté de l'Europe, ses Bayes de Baffin et d'Hudson.

Sixième époque. — Elle ne commence que depuis un petit nombre de siècles; et on la désigne, dans la géographie physique du Globe, par l'organisation des Terres Australes.

Ces Terres Australes, trop récemment abandonnées par les mers qui les entourent, ne constituent encore qu'un immense Archipel : la Nouvelle Hollande seule, qui en paraît le massif central, pourrait prétendre jusqu'à un certain point au titre de Continent, puisqu'elle s'étend, dans les Cartes Anglaises, l'espace de quarante dégrés, et que Cook lui donne la superficie de l'Europe.

Mais le temps s'approche, où toutes les Isles Australes se lieront entre elles par des Isthmes ; cette conquête sur les mers s'opérera surtout du côté de l'Archipel de la Sonde; et comme à la fin de cette époque le détroit du Nord étant comblé, la Tartarie Russienne tiendra à l'Amérique, la jonction du grand massif Austral à l'Asie, achevera de ne faire qu'un seul Continent des trois Mondes.

Telle est, dans l'histoire philosophique du Globe, le tableau de ses six époques : après cette longue série de siècles, la terre étant totalement découverte, et le genre humain pouvant communiquer, sans le secours de la navigation, de l'Amérique en Asie et de l'Asie aux Terres Australes, la nature, comme le Dieu de Moyse, après l'ouvrage des six jours, se reposera.

MONUMENT HISTORIQUE

DE L'ÉMERSION DU GLOBE,

TIRÉ DES DIVERSES RÉVOLUTIONS DE LA MER CASPIENNE.

Une Histoire Philosophique du Monde Primitif, doit renfermer à la fois de la philosophie et des faits : je crois avoir épuisé les preuves tirées de la physique et de la raison ; quant aux monuments historiques, s'ils ne sont pas en aussi grand nombre que le peuple des non-penseurs pourrait le désirer, il faut l'attribuer aux grands Cataclysmes du Globe, qui ne s'opèrent d'ordinaire que par l'anéantissement de la génération d'hommes, qui pourrait en perpétuer la mémoire. Je crois l'avoir déjà dit, le monde que nous habitons semble, à quelques égards, le cadavre d'un géant assassiné dans un vaste désert de sables ; le philosophe ne peut guères lire son histoire que dans ses cicatrices.

Voyons si l'examen des cicatrices du Globe, dans cette partie de l'Asie, que la raison éclairée regarde comme le berceau du genre-humain, nous conduira à une histoire, sinon authentique, du moins très-probable des ages primitifs.

Arrêtons-nous à un seul phénomène, mais bien propre à constater, pour tout ce qui n'est pas sectaire, le grand fait de l'émersion du Globe ; je veux parler des révolutions de la mer Caspienne.

La mer Caspienne est, comme l'on sçait, un bassin isolé vers l'extrémité Occidentale de l'Asie, qui a pour limites la Russie Européenne, la Tartarie Indépendante et la Perse : le bibliothécaire du duc de Holstein, Adam Oléarius, qui en parcourait les rives en 1635, ne lui donnait de longueur, dépuis l'embouchure du Volga jusqu'à Féra-bath, dans le Mazandran, que cent vingt lieues d'Allemagne; mais des mesures astronomiques plus récentes, prolongent la plus grande étendue de cette mer jusqu'à trois cents de nos lieues vulgaires, sur une largeur moyenne d'environ cinquante ou soixante; or, ma théorie, toujours circonspecte même dans son audace apparente, me porte à croire que cette espèce de Méditerrannée de l'Asie, ne fut point dans l'origine un simple lac, jetté par la nature aux pieds du Caucase : des monuments non suspects me persuadent, que ce sont les restes de l'Océan, qui couvrit un jour la partie la moins élevée de la patrie primitive des hommes, et qui servait de communication entre la mer Septentrionale et la mer des Indes.

La première idée du vulgaire des physiciens serait peut-être, que la mer Caspienne n'est que l'ouvrage des fleuves qui s'y jettent : en effet, on en compte un très-grand nombre : Oléarius, depuis Rescht jusqu'à Scamachie, c'est-à-dire, dans un espace d'environ vingt journées de route, en passa plus de quatre-vingt ; mais tous ces fleuves, à l'exception du Volga, sont très-peu considérables ; ils se perdent dans les abymes de ce bassin, dont la profondeur est telle, même à une légère distance de la côte, que l'Anglais Hanway, avec une corde de 450 brasses, ne put en atteindre le fond. D'ailleurs, la saine physique nous a éclairés par ses calculs sur l'impossibilité de créer une mer avec des fleuves : en vain le mathématicien Perry a-t-il supputé, qu'il sort par minute du Volga 381,876 tonnes d'eau, qui augmentent le volume de la mer Caspienne, il est démontré que ce beau fleuve, ainsi que les quatre vingt rivières d'Obscaus, si on les soumettait aux loix connues de l'évaporation, ne composeraient pas, au bout de cinq mille ans, un bassin de deux cents toises de profondeur, sur trente lieues quarrées de superficie.

Au reste la nature a répondu par un seul mot à cette hypothèse du demi-sçavoir ; c'est que les eaux de la mer Caspienne sont aussi salées que celles de l'Océan sous l'Équateur.

Malgré les quatre cents mille tonnes d'eau que le Volga verse presqu'à chaque minute, malgré le tribut de près de cent cinquante rivières, la mer Caspienne diminue tous les jours d'étendue : et si je puis fixer, sur une échelle mathématique, un seul dégré de cette diminution, il en résulte nécessairement que par une progression graduée, je remonterai jusqu'à l'époque, où couvrant une grande partie de l'Asie de ses vagues ; elle servait de canal de communication entre la mer des Indes et la mer Glaciale.

Le premier dégré bien sensible de cette diminution de la mer Caspienne, se trouve

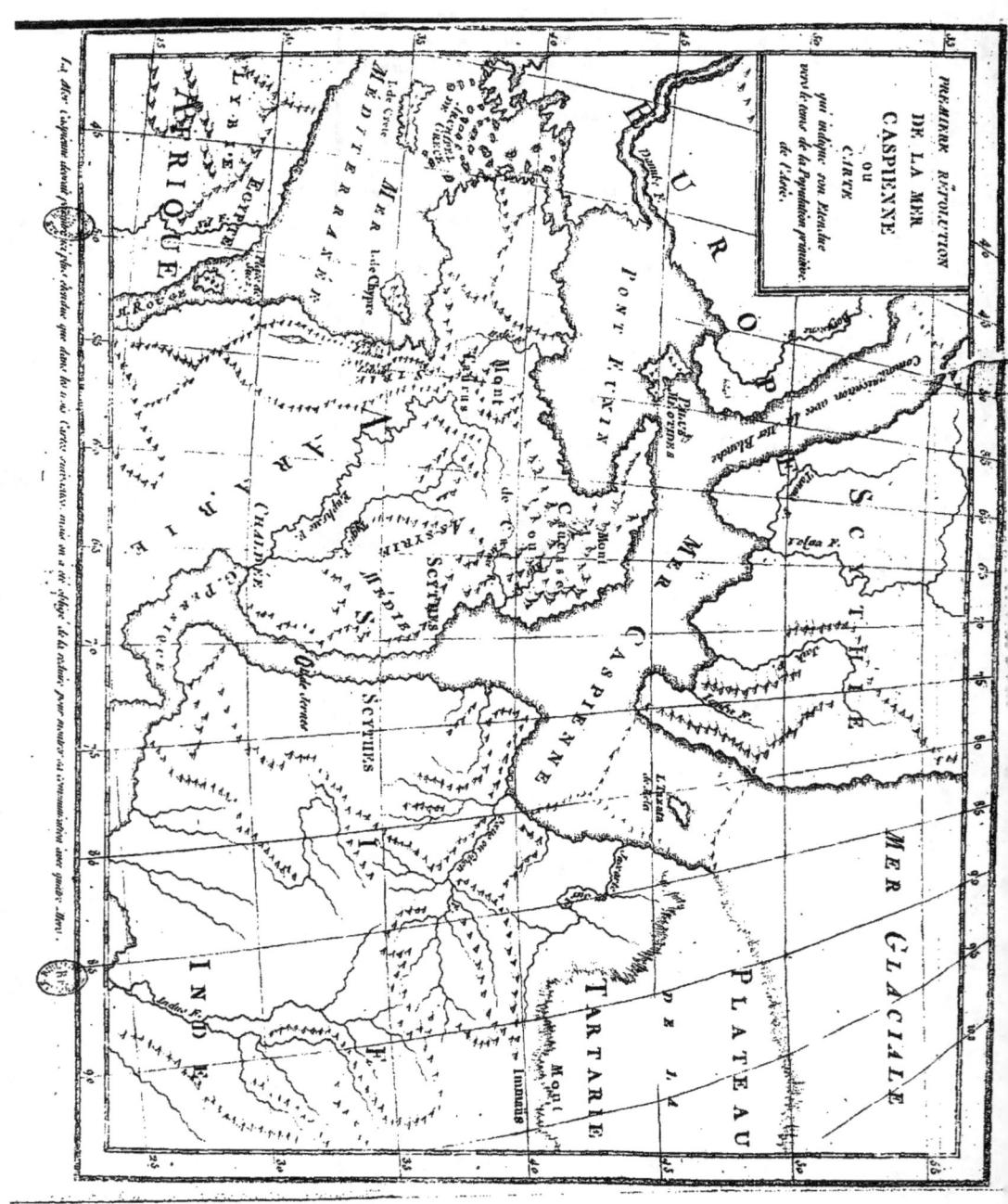

dans les traces de sa jonction peu reculée avec le lac Aral, qu'on voit placé dans la magnifique Carte de Pallas vers le Nord-Est, du côté de la Tartarie.

Ce lac Aral, auquel les Tartares donnent aussi le nom de mer, parcequ'il a cent lieues de long sur une largeur moyenne de soixante, n'est guère connu que depuis soixante et dix ans, dans la géographie moderne de l'Europe; c'est au Czar Pierre le Grand qu'on en doit la découverte. Ce Prince qui, avant de créer son peuple, voulait connaître le pays qu'il habitait, avait envoyé des ingénieurs pour lever la Carte du gouvernement du Caucase. Vanverden, qui était à la tête de cette expédition sçavante, fit le tour de la mer Caspienne et y employa trois ans, pour l'examiner en géographe-astronome : il fut bien surpris de trouver du côté du Cap Pestchanoi, au centre de la rive Orientale de cette mer, un vaste désert d'environ cent trente lieues de long, qui la séparait du lac Aral, et qui portait toutes les marques d'une terre Vierge et lentement abandonnée par les eaux. Le Czar fit réduire la Carte précieuse de Vanverden, et impatient de sçavoir ce que la physique du siècle de Louis Quatorze penserait de ce phénomène, il en envoya une copie authentique à Fontenelle, pour être déposée dans les archives de l'Académie.

Cette Carte, quoique bonne pour le temps, et surtout pour le peuple à demi civilisé, qu'elle devait instruire, n'était pas sans défaut ; Vanverden n'en avait pas tracé les Longitudes : le désert de sables qui sépare les deux mers était mal dessiné : la configuration du lac Aral, se trouvait tracée d'une manière infidelle : sur-tout, la prolongation au Nord-Est de la mer Caspienne, qu'il appellait le Golfe d'Iemba, y était étranglée de la manière la plus étrange. Notre géographe Danville fut obligé de rectifier cet

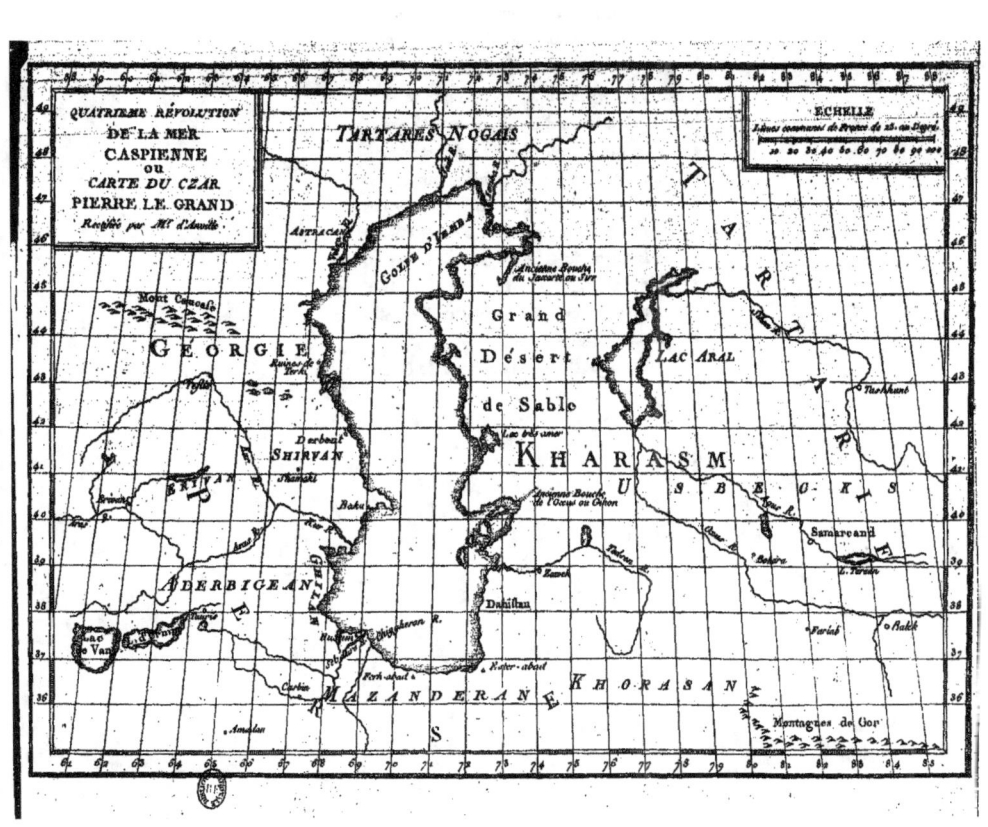

ouvrage, pour conserver au Czar sa gloire et à la Russie qui s'éclairait, sa découverte : c'est la Carte de Pierre le Grand ainsi corrigée par notre Strabon, que j'insère ici parmi les révolutions de la mer Caspienne.

Danville n'est plus, et je ne dois qu'une vérité franche et impartiale à sa mémoire ; j'aurai donc le courage de dire, que sa Carte n'a point rempli l'attente de l'Europe ; il n'a point consulté l'académie de Pétersbourg, qui aurait pu redresser l'ouvrage de Vanverden ; il a voulu rapprocher la mer Caspienne d'un dégré vers l'Orient ; et on voit par les observations astronomiques de l'abbé de Beauchamp sur la position de Casbin, que cette rectification n'est qu'une erreur de plus, ajoutée à celles de la Carte du Czar : ainsi le plus grand mérite du travail de cet académicien, d'ailleurs justement célèbre, est d'avoir suppléé les Longitudes.

Au reste, la Carte de Pierre le Grand,

toute imparfaite qu'elle pouvait être, fit rêver les géographes qui avaient le bon esprit de ne point faire de systèmes : ils observèrent avec étonnement que la mer Caspienne ne recevait aucun fleuve du côté de l'Est, ni le lac Aral du côté de l'Ouest; et n'appercevant qu'un désert de sables dans l'espace intermédiaire, ils en conclurent, malgré la Genèse, qui fait le monde si jeune, que les deux mers, à une époque très-reculée, n'avaient surement formé qu'un seul bassin.

Cette preuve devenait peut-être une démonstration, quand on jettait les yeux sur les Cartes géographiques antérieures à celle du Czar : Cartes où cette réunion est si précise, que le lac Aral même n'y est pas indiqué.

Une inspection attentive de la belle Carte de Pallas, dont j'ai fait graver, avec la plus scrupuleuse exactitude, la partie qui peut conduire à la solution de notre grand pro-

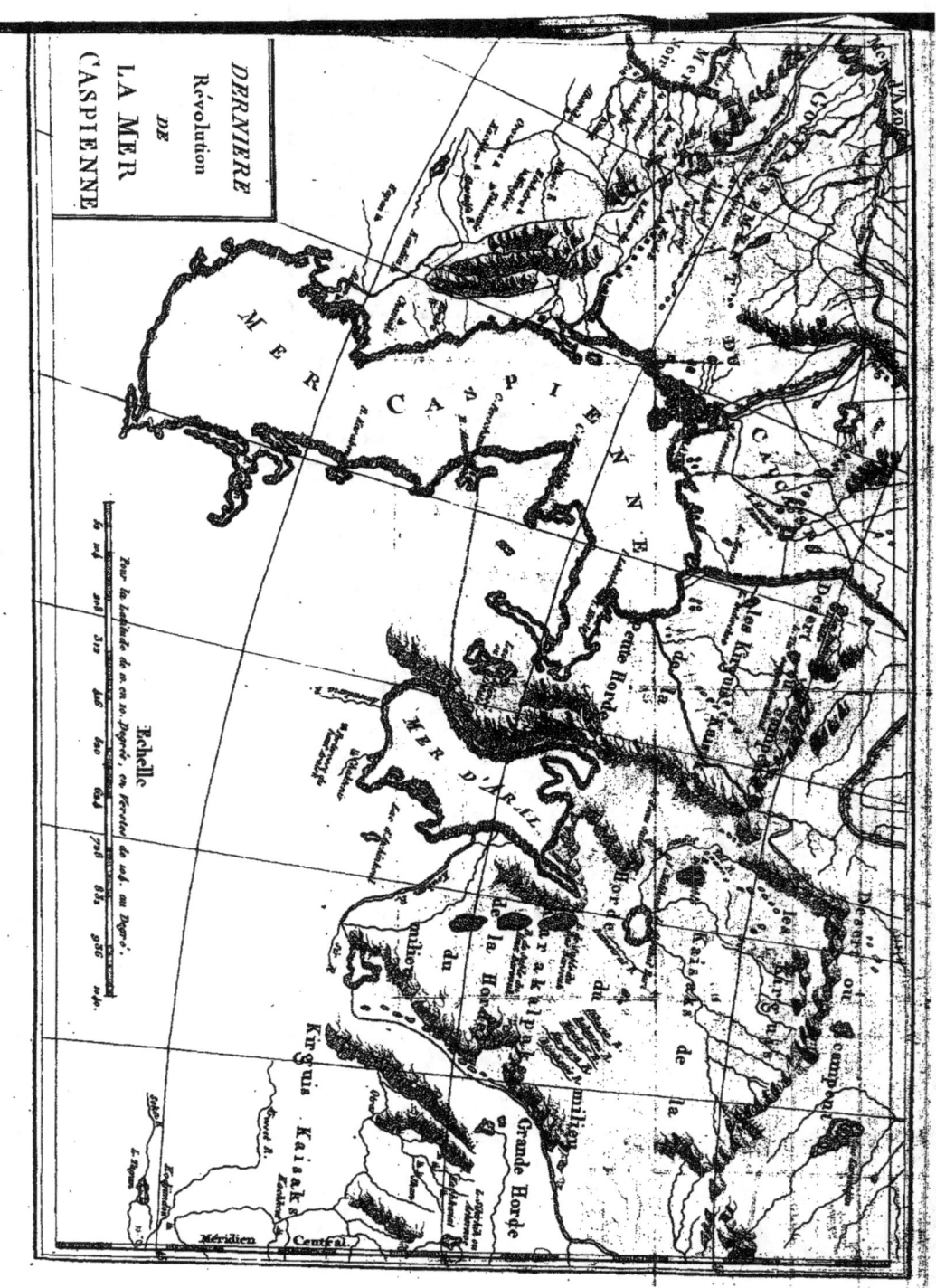

blême, achève de dissiper tout nuage sur l'union antérieure du lac Aral à la mer Caspienne.

Si l'on suit, du côté du Nord-Est, le bassin de la mer Caspienne dans toutes ses sinuosités, on reconnaît évidemment les traces de sa jonction avec le lac solitaire, dans la Baye irrégulière et singulièrement prolongée, où se trouvent les Isles d'Orlof.

Cette Baye, qui s'étend l'espace de cinquante lieues dans la direction du lac Aral, n'en est guères séparée que d'environ soixante : encore, au milieu de l'espace intermédiaire, trouve-t-on un lac Solenoé, dont les eaux sont singulièrement salées, et qui était le point de réunion des deux mers : il est impossible de voir la Carte et de garder un instant le doute philosophique sur cette hypothèse.

Une Chaîne de petites montagnes Secondaires se voit à l'Occident de la mer d'Aral, qui semble en suivre les contours ; il est évident qu'au temps de la jonction des deux bassins, cette Chaîne formait une Isle, et qu'à la retraite des vagues, elle en est devenue la barrière.

La Carte marque quinze dégrés entre la limite Orientale du lac Aral, et l'extrémité Occidentale de la mer Caspienne : voilà donc, d'après la géographie physique et les monuments de l'histoire, un espace de près de quatre cents lieues de long, que les deux bassins réunis occupaient, dans la direction de l'Est à l'Ouest, à une époque qui ne semble point inaccessible à nos recherches ; et dès-lors notre Méditerranée Asiatique a pu aspirer à un autre titre qu'à celui de premier lac de l'univers.

Suivons les révolutions de cette mer Caspienne, bien plus intéressante peut-être pour nous, que celles des trônes de Babylone et d'Ecbatane ; car je pressens que son histoire va renfermer la destinée de l'Asie et peut-être du Globe.

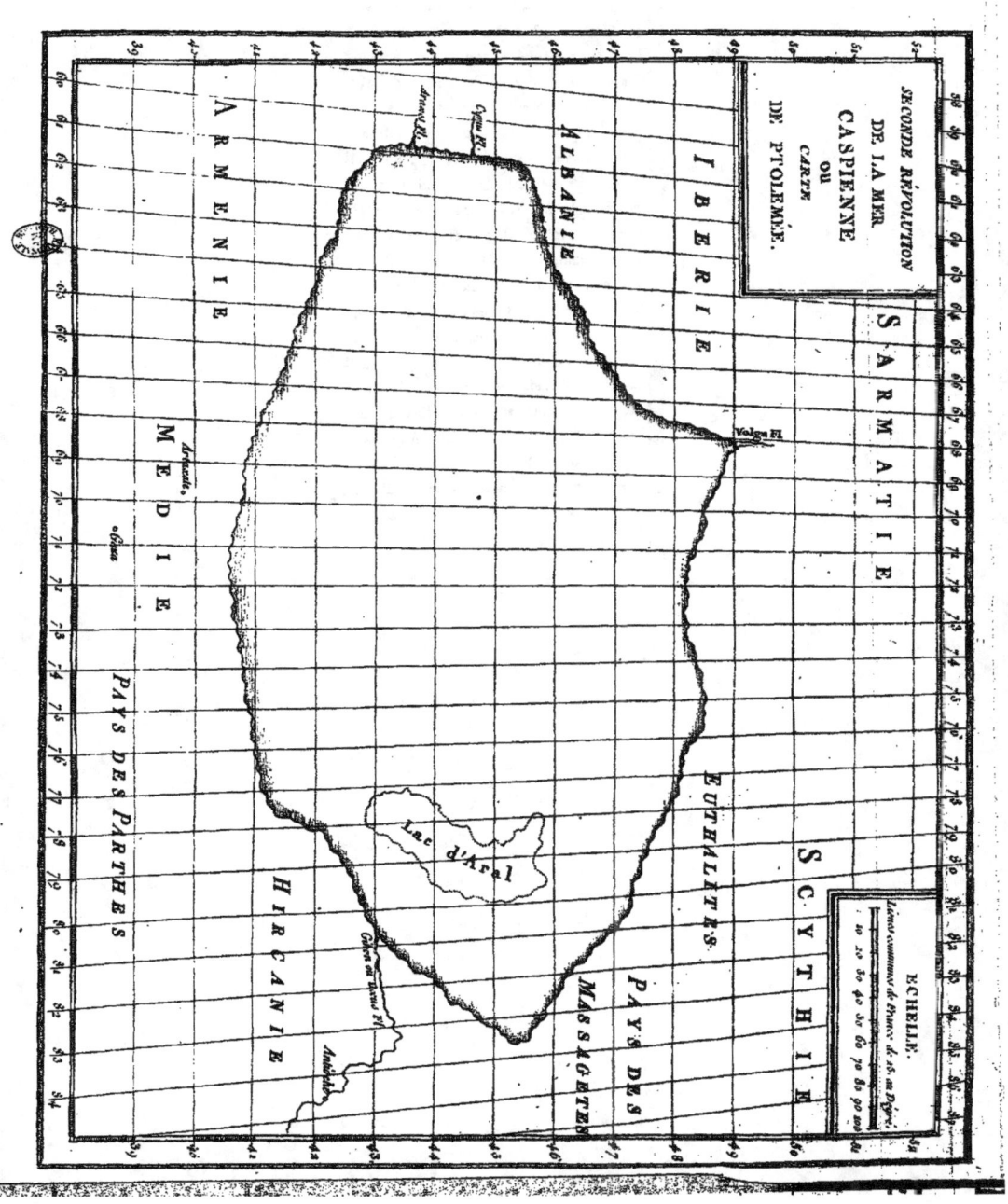

Le célèbre Ptolémée, qui avait étudié la géographie en astronome, et qui, en liant ainsi l'histoire du ciel avec celle de la terre, leur avait donné à toutes deux la plus grande authenticité, Ptolémée, dis je, a parlé avec quelqu'étendue de la mer Caspienne; et il résulte de ses observations, qu'à un temps peu éloigné de celui où il vivait, c'est-à-dire, vers le milieu du second siècle de l'Ère Vulgaire, cette Méditerranée avait 23 dégrés et demi, ou près de six cents lieues d'Occident en Orient; or, nous voyons, par la Carte de Pallas, qu'en la suivant d'après cette direction, c'est à dire, depuis l'embouchure du Volga, jusqu'au rivage Oriental, qui est au delà des Isles d'Orlof, on compte à peine neuf dégrés, et quinze seulement, lorsque cette mer était réunie au lac Aral. Ainsi voilà deux époques bien marquées, où la retraite graduée des eaux, aurait ôté d'abord

375 lieues, ensuite 225 au grand bassin de la mer Caspienne.

Il serait peut-être important de fixer, avec quelque précision, les périodes de cette diminution : car qui sçait si le terme de notre voyage sur la mer Caspienne ne serait pas la solution, même pour le Pyrrhonien, du grand problème de l'émersion du Globe primitif?

Mais pour marcher toujours la sonde à la main dans ces parages inconnus, voyons d'abord si la vraisemblance philosophique n'est point blessée du calcul de Ptolémée.

Lorsque Delisle le géographe donna, en 1721, dans les mémoires de l'Académie, une idée de la Carte de la mer Caspienne, figurée d'après l'hypothèse de Ptolémée, et telle du moins, pour la projection élémentaire, que je l'ai fait graver pour cet ouvrage, il témoigna la plus grande surprise de ce qu'il appellait l'erreur de ce célèbre astronome; il semblait loin de soupçonner que le Globe étant une scène mobile, où les décorations ne sont jamais les mêmes un seul moment, il n'était point étonnant qu'une mer dessinée par Ptolémée, sous les Césars, eut une autre face que celle qu'il décrivait lui-même, à la fin du siècle de Louis XIV.

Ce qui blessait le plus la véracité pusillanime du geographe de l'Académie, c'est que Ptolémée semblait fixer la plus grande dimension de la mer Caspienne d'Occident en Orient, tandisque, d'après la Carte de Pierre le Grand, qu'il avait sous les yeux ; il semblait naturel de la prendre du Nord au Midi : mais un examen réfléchi du sol de l'Asie, depuis le pied du Caucase, jusqu'au Méridien central de l'hémisphère de l'Orient, aurait aisément justifié à sa raison Ptolémée et la nature.

Nous avons vû que la géographie approfondie de Pallas, fixe à quinze dégrés l'étendue de la mer Caspienne actuelle, à l'époque de sa réunion avec la mer d'Aral : mais si l'on jette les yeux vers l'embouchure du Volga, où commencent ses limites du côté de l'Occident, on trouvera une plaine basse, fangeuse, entrecoupée de rivières, qui s'étend près de cinq dégrés, jusqu'à la partie de la Chaîne du Caucase, qui avoisine le Pont-Euxin.

Toute notre plaine qui offre des indices si manifestes du séjour des eaux, pouvait n'être qu'à peine desséchée, vers l'époque des mémoires historiques sur lesquels travaillait Ptolémée : nous sçavons par Plutarque, l'historien de Pompée, que peu avant l'érection du trône des Césars, ce grand capitaine, ayant voulu renfermer la mer Caspienne dans le cercle de ses conquêtes, fut arrêté par la quantité prodigieuse de serpents et de reptiles venimeux, qui s'offrirent à son armée, en cotoyant la Chaîne du Caucase. Ces serpents, ces reptiles, qui se propagent en si grand nombre dans une terre basse et que l'homme n'a pas encore soumise à la culture, annoncent évidemment la retraite lente d'une Méditerranée, comme l'ont dit unanimement tous les philosophes, qui ont voulu expliquer ce phénomène, lors de la conquête du Nouveau-Monde.

D'un autre côté, si on porte un coup-d'œil observateur à l'Orient du lac Aral, on verra jusqu'aux deux petites Chaînes Secondaires des monts Aksmia et Bakarli, une autre plaine de cent lieues en tout sens, qui n'est pas hérissée de la plus légère éminence, que traversent, dans toute sa largeur, les fleuves du Sir et du Kouban, et qui est partagée, dans l'autre direction, par trois énormes bancs de sables, pareils à ceux qui arrêtent les navigateurs dans les mers voisines des continents. Or, si, comme l'indique la philosophie la plus circonspecte, nous supposons que le lac Aral, à l'époque de nos recherches, embrassait cette plaine dans son bassin, nous arriverons sans effort à la solution du problème.

Il y a, comme on vient de l'exposer, quinze dégrés, de l'embouchure du Volga, à l'extrémité Orientale du lac Aral; ajoutons au bassin réuni des deux mers trois dégrés et demi, pour la plaine qu'arrosent le Sir et le Kouban, et cinq dégrés pour celle que borde la Chaîne du Caucase, et nous retrouvons précisément les vingt-trois dégrés et demi, que donne Ptolémée, dans la direction de l'Est à l'Ouest, à la mer Caspienne.

Il existe un autre mode de solution plus heureux encore, parce qu'il semble plus conforme au système astronomique du fameux géographe d'Alexandrie. Ptolémée place l'embouchure du Volga plus Septentrionale de trois dégrés qu'elle ne l'est actuellement, car il la fixe à 49, au lieu de 46; ce qui lui a valu les sçavantes injures, de tout ce qui ne voit dans le Globe des siècles reculés que le Globe d'aujourd'hui. Mais examinons un moment cette théorie, dans l'esprit même de Ptolémée, et nous serons tentés de n'accuser d'un défaut de lumières que le vulgaire de nos géographes.

Il est plus que probable qu'il fut un temps, où la mer Caspienne commençait du côté du Nord, entre le quarante-neuvième et le cinquantième dégré de latitude ; revenons à la belle Carte de Pallas, dont j'ai copié la partie qui peut éclairer cet ouvrage ; si on porte le compas précisément à trois dégrés au dessus du bassin actuel de cette mer, et qu'on considère l'espace immense, qui s'étend depuis le lac salé d'Élinon, près du Volga, jusqu'au Méridien central de l'hémisphère de l'Orient, on voit, avec une surprise mêlée d'admiration, que les vingt-cinq dégrés qui le remplissent, ont pu, à une époque très-peu reculée, être couverts des flots de la mer Caspienne.

Il n'y a que des rivières et des lacs salés à cette hauteur, depuis le Volga jusqu'au Jaïk, les plus grands des fleuves que la mer Caspienne reçoit dans son sein : et du Jaïk, au Méridien central, tout l'espace est occupé par les deux effroyables déserts de sables, où campent les Tartares Kirguis de la petite horde et de la horde du milieu. Il n'existe dans tout cet intervalle, de plus de six cents lieues, que la petite Chaîne Secondaire, dont le lac Aral suit les sinuosités et qui formait sans doute une Isle, ou du moins une Péninsule, dans l'age du Globe auquel je consacre mes recherches.

Le jour commence à naître dans le cahos des deux géographies. Il fut un temps, peu éloigné de l'érection du trône des Césars, où la retraite des eaux de la mer Caspienne ne s'opérait encore qu'à demi, entre le lac Élinon et le Méridien central; alors, il n'est plus besoin de faire couvrir des flots la plaine Occidentale; qui borde la Chaîne du Caucase : alors, le Volga avait son embouchure, à peu de distance du même lac d'Elinon, au lieu de l'avoir à Astracan ; alors, on retrouve, avec la plus grande justesse, et dans le vrai plan indiqué par Ptolémée, les vingt-trois dégrés et demi qu'il donne d'étendue à la mer Caspienne.

Et il fallait que Ptolémée, dont le génie en géographie, est si dédaigné par les hommes qui n'en ont point, méritât du moins qu'on discutât son hypothèse, puisqu'elle eut le suffrage d'Agathémer, le contemporain et le rival en lumières de cet astronome ; puisque des sçavants, du mérite le plus distingué, un Vossius et un Cellarius, l'ont encore adoptée, à une époque, où la physique moderne avait réduit à cinquante ou soixante lieues, les six cents que la mer Caspienne tenait, de la tradition conservée par le geographe d'Alexandrie.

Continuons notre navigation philosophique au travers des Brumes, entassées pas les géographes, autour de la mer Caspienne.

S'il est vrai, qu'entre Ptolémée, qui fleurissait vers le milieu du règne d'Adrien, et Pallas, qui a publié de nos jours le beau recueil de ses voyages, c'est-à-dire, dans l'intervalle de seize siècles et demi, la mer Caspienne a perdu de l'Est à l'Ouest près de 500 lieues, ne serait-il pas à propos de chercher dans les monumens historiques de l'age intermédiaire, quelques traces de cette diminution graduée, qui, en justifiant l'astronome d'Alexandrie, acheverait de mettre hors d'atteinte notre théorie de l'émersion du Globe?

J'ai dit comme Moyse : que la lumière soit : et déjà, grace à mon enthousiasme pour la vérité, la lumière commence à paraître.

Tous les hommes de lettres connaissent Abulféda, qui régnait à Hamah, ville de Syrie, l'an 743 de l'Hégire, c'est-à-dire, vers le milieu du quatorzième siècle : or, vingt cinq ans avant son avènement au trône, ce géographe-roi avait fait un ouvrage célèbre chez les Arabes, où il assignait les différences en longitude et en latitude des Côtes de la mer Caspienne ; et il résulte de ses observations, que cette Méditerranée Asiatique, au temps ou les mémoires qu'il transcrivait furent écrits, avait d'Occident en Orient, deux cents soixante et dix Parasanges, qui répondent à un peu plus d'onze dégrés, ou à trois cents lieues.

Ce n'est pas sans motif que je parle ici des mémoires originaux, sur lesquels travaillait le géographe couronné de Hamah : car il ne serait pas vraisemblable que la mer Caspienne de Ptolémée, qui, dans l'intervalle de seize siècles et demi, n'aurait perdu que 500 lieues, en eut perdu plus de 200, dans le seul espace de 470 ans, qui s'est écoulé depuis Abulféda, jusqu'au temps ou je publie cette Cosmogonie.

Et en effet, il est avéré par la lecture du Livre Arabe, qu'il a été composé d'après une foule d'ouvrages Orientaux, dont le nombre va jusqu'à soixante : le principal guide du Roi de Hamah, fut l'écrit antique qui avait pour titre : LA QUATRIEME PARTIE DE L'UNIVERS INHABITÉ, et qui, composé originairement en Grec, fut d'abord traduit en Latin, et ensuite en Arabe, par les ordres du Calife Almamon, qui eut le bon esprit, malgré son despotisme, de protéger les Grecs et leur littérature.

Ce ne serait donc point abuser du calcul philosophique des probabilités, que de faire remonter à deux ou trois siècles avant Abulféda, l'époque précise où la mer Caspienne, dans sa direction transversale, voyait son empire sur les plaines de l'Asie, réduit à trois cents lieues.

Cette ligne de démarcation, tracée d'une manière si précise par la nature entre le monde de Ptolémée et le nôtre, n'est pas

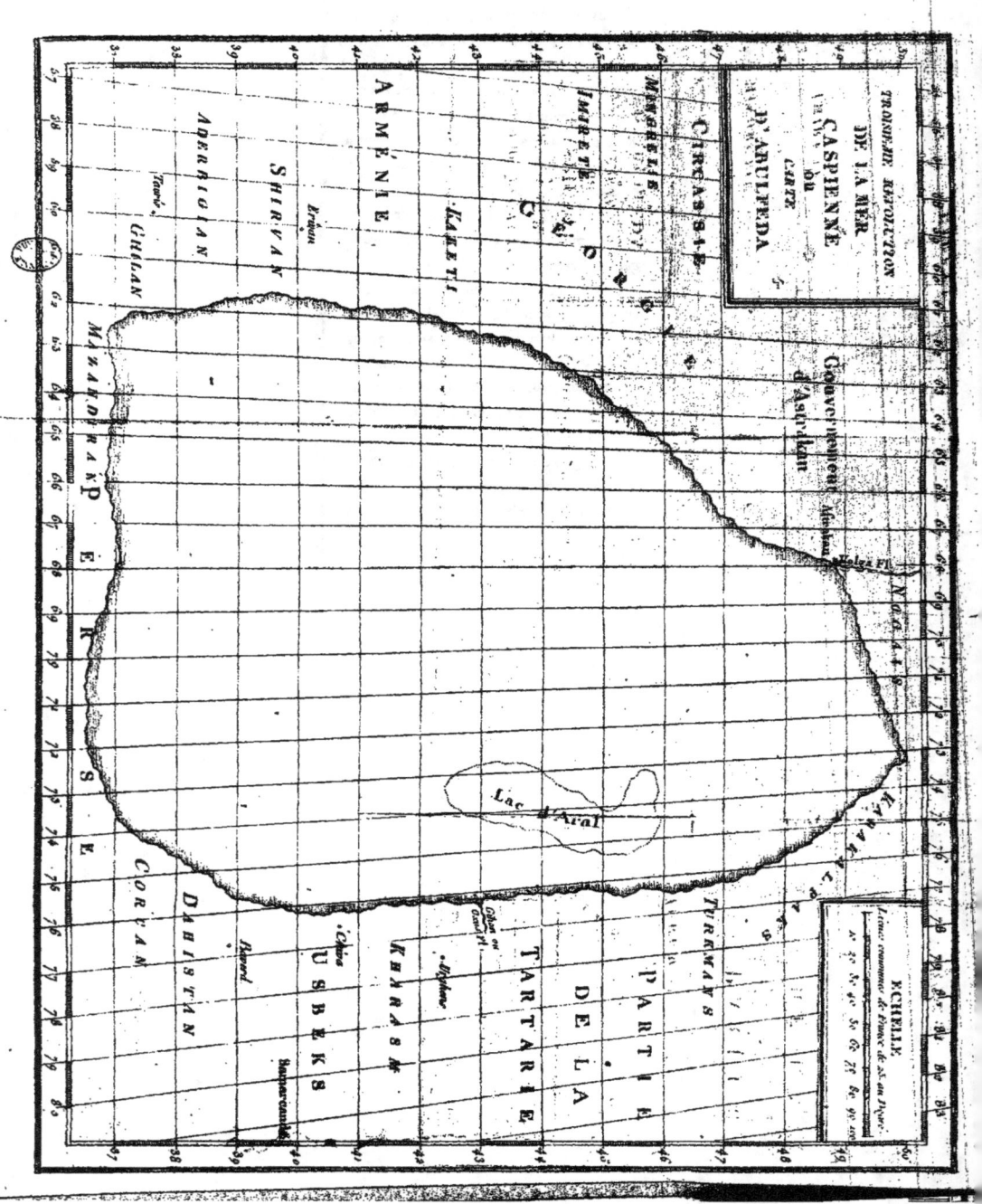

une des moindres merveilles, qui accompagnent le phénomène de l'émersion du Globe.

J'ai fait graver une Carte de la mer Caspienne, d'après l'hypothèse d'Abulféda : Carte qui rend sensible la différence de ses calculs avec ceux de Ptolémée : et sa projection a d'autant plus d'authenticité, qu'elle se concilie parfaitement avec la configuration de la même mer, donnée par le Shérif Aldérisi, connu sous le nom de GÉOGRAPHE DE NUBIE, avec la Carte Ottomane d'Abubekre Effendi, et avec celle d'Oléarius.

Une seule difficulté se présente, pour fixer avec quelque justesse, l'échelle de cette diminution des eaux : car nous avons reconnu, qu'il y avait quatre cent lieues, de l'embouchure actuelle du Volga à l'extrémité Orientale du lac Aral; et les observations Arabes réduisent à trois cents toute cette partie du domaine de la mer Caspienne.

On peut, avec deux hypothèses presqu'également heureuses, tracer, d'après la géographie d'Abulféda, les limites Orientales et Occidentales qu'avait la mer Caspienne, dans sa circonscription de trois cents lieues, vers le moyen age de nos Monarchies.

Il pouvait se faire, qu'au temps dont parle le prince de Hamah, la plaine de cent lieues, qui est arrosée à l'Occident par le Volga, et à l'Orient par le Jaïk, fut sortie tout-à-fait de dessous les eaux; alors la mesure du géographe Arabe, commençant à quelque distance de ce dernier fleuve, on retrouve les trois cents lieues de l'évaluation, et le lac Aral reste encore uni à la mer Caspienne.

Mais j'aimerais encore mieux adopter l'hypothèse de la séparation des deux bassins: alors la mer Caspienne aurait commencé, comme de nos jours, vers Astracan, et aurait fini à la chaîne de montagnes secondaires, qui la sépare si naturellement du lac Aral. Cet espace que je désigne, est précisément de trois cent lieues.

En réunissant tous les résultats, que fait naître cette série étonnante de faits, je serais tenté de circonscrire dans une période de deux mille ans, les phénomènes divers que présente à la géographie, la diminution graduée de la mer Caspienne.

Les mémoires, d'après lesquels Ptolémée a écrit, remontent au moins un siècle avant l'expédition de Pompée, que les serpens arrêtèrent. Cette époque s'élève à environ deux mille ans, et alors la mer Caspienne pouvait avoir d'Orient en Occident six cents lieues.

La mer Caspienne se sépara du lac Aral, il y a près de huit siècles, comme l'attestent les mémoires originaux sur lesquels a écrit Abulféda ; et cette séparation dut, d'après la progression mathématique la moins conjecturale, réduire sa surface, sous le même rapport, à trois cents lieues.

Enfin, depuis les observations du prince Arabe, il s'est formé entre les deux bassins, un grand désert de sables, partagé en deux par le lac Solénoé : et la largeur moyenne de la mer Caspienne, excepté vers la partie du Nord, où les traces de sa jonction avec le lac Aral se pressentent encore, a dû naturellement se trouver circonscrite dans un espace de soixante lieues.

Et pour donner le dernier coup de pinceau à ce tableau imposant des révolutions de la mer Caspienne, j'ajouterai, d'après la tradition des Russes et des Tartares, qui se réunissent à donner le nom de MER MORTE à la grande Baye prolongée au delà des Isles d'Orlof, que tout cet appendice Oriental de la Méditerranée Asiatique, tend de jour en jour à se dessécher et à disparaître : il ne faudra que le laps d'un très petit nombre de siècles, pour que son bassin se termine de ce côté à l'embouchure du Jaïk : alors cent

cent cinquante lieues la sépareront du lac
Aral, réduit de son côté aux plus étroites
limites, et les demi-géographes, à cette
époque, affirmeront que la jonction antérieure des deux mers était aussi impossible que celle de deux Planètes.

Après avoir tracé les révolutions de la
mer Caspienne, pendant deux mille ans,
il me reste à deviner celles qu'elle a pu
subir dans les ages antérieurs: car cinq cents
lieues ajoutées, même en tout sens, à son
bassin actuel, sont bien loin de lui faire
atteindre le Pont-Euxin, la Mer Glaciale,
et les deux Golfes de Guzarate et de Babelmandel.

C'est d'abord un fait majeur reconnu par
Ptolemée, qu'on pouvait, à l'époque qu'il
a soumise à ses observations astronomiques,
faire à pied le tour du grand bassin dont
il a fixé les Latitudes : ainsi nous pouvons
affirmer, sans être soupçonnés de paradoxe,
que la mer du Nord, il y a vingt siècles,

ne communiquait point avec celle des Indes, par l'intermède de la mer Caspienne.

Mais vingt siècles ne sont rien pour l'age du Globe : ce n'est peut-être qu'une minute relativement à celui de l'observateur ; allons à la découverte des temps primitifs, sans craindre les anathèmes des tyrans de la pensée, et ne blasphémons pas le grand nom de l'ordonnateur des mondes, en mettant sans cesse en parallèle Moyse et la nature.

J'ai parlé des plaines basses et marécageuses, qui s'étendaient de la rive Occidentale de la mer Caspienne, jusqu'à la naissance de la Chaine du Caucase; voyons si la physique et l'histoire ne se réunissent pas à couvrir ces plaines, il y a trois ou quatre mille ans, des vagues de la Méditerrannée Asiatique, et si, avant que sa diminution s'opérât du côté de la mer d'Aral, elle ne s'était pas déjà opérée du côté du Pont-Euxin.

La physique, dans la cause mémorable de l'organisation du Globe, doit être entendue la première, et il n'y a rien de conjectural dans son suffrage : tous les voyageurs, qui ont parcouru la plaine qui sépare Astracan de Terki, métropole de la Circassie Moscovite, et sur-tout le célèbre baron de Sthralemberg, disent n'y avoir trouvé que de longues bruyères, qui produisent du sel en abondance.

Busching, le Strabon de l'Allemagne, va jusqu'à expliquer le silence éloquent de la physique. Il dit, au sujet de cette Place de Terki, qui se trouve en face du Caucase, que sa position géographique ne semble plus la même qu'elle était vers le milieu du siècle dernier ; parce qu'il est probable que la mer s'est retirée depuis cette époque.

Un de nos écrivains, qui a fait une histoire de Russie, d'après les chroniques originales de cet Empire, dit en propres termes :

d'après l'examen physique du sol, depuis le Caucase jusqu'à la Tartarie indépendante: » Il est plus que vraisemblable que la mer » Caspienne ne faisait autrefois qu'une seule » mer avec le lac Aral et le Pont-Euxin.

Un témoignage bien plus imposant encore, parcequ'il est le fruit du travail qui cherche les faits, et du génie qui les réunit, est celui de Pallas. Ce philosophe, qui a si bien vu la nature, soit dans son entendement, soit dans ses voyages, s'exprime ainsi : » les coquillages épars sur toute la » Steppe du Jaïk, des Kalmouks et du » Volga, coquillages, qui sont en tout point » les mêmes que ceux du fond de la mer » Caspienne, et qu'on ne rencontre jamais » dans les rivières. . . . la salure générale » du sol. . . . les innombrables bas-fonds » et lacs salés qui hérissent ces contrées, » sur-tout l'égalité continue de terrein dans » tous ces vastes déserts, sont des preuves » incontestables, qu'ils doivent nécessai-

» rement avoir été couverts autrefois par
» les eaux de la mer Caspienne. . . . Il
» est à présumer que cette mer diminue
» encore tous les jours. Ne pourrait-on
» pas, au reste, attribuer à cette seule cause,
» c'est-à-dire, à la diminution graduée qu'é-
» prouvent toutes les mers sans exception ;
» la scission qui s'est faite entre le lac Aral
» d'un côté, le Pont-Euxin de l'autre, et
» la mer Caspienne ?

Et si quelqu'un avait à se glorifier d'un pareil témoignage, ce serait moi sans doute : car j'ai deviné tous ces faits, long temps avant qu'ils fussent réunis : j'ai prévu la réponse de la nature avant que Pallas l'eut interrogée. Il ne faut pas perdre de vue que l'impression des voyages de ce grand physicien n'est que de 1784, et que l'année 1779, est la datte de la première édition de mon Histoire du Monde Primitif.

Achevons de franchir, avec les ailes de l'analogie, l'intervalle des siècles, et cherchons l'époque antérieure à Ptolémée, où le Volga s'étendait moins vers le Midi, où les plaines sablonneuses et salées du gouvernement du Caucase, étaient sous les eaux, et où la mer Caspienne réunie aux Palus-Méotides, communiquait par un des Bosphores au Pont-Euxin.

Et comme la géographie moderne a changé ces derniers noms, si célèbres dans l'antiquité, traduisons-les en faveur des lecteurs, à qui la nomenclature des Strabon et des Méla est peu familière; et disons qu'on pressent dans l'histoire ancienne une époque, où la mer Caspienne, unie à la mer d'Azof, communiquait par le Détroit de Zabache à la mer Noire.

On trouve des traces d'une tradition antique, sur l'union des deux mers, jusques dans une erreur de la physique moderne, que même des hommes de poids ont adoptée : divers voyageurs, étonnés de ce que la mer Caspienne ne débordait pas, malgré l'énorme quantité d'eaux qui lui apportaient le Jaïk, le Volga, et près de cent cinquante fleuves qui venaient s'y décharger, ont soupçonné qu'elle devait communiquer par des canaux souterrains avec la mer Noire. Ces canaux sont imaginaires sans doute. Parce que le Rhône, en sortant du lac de Genève, se cache quelque temps sous des rochers, il ne fallait pas conclure que deux mers s'unissent, en traversant, sans qu'on s'en apperçoive, un intervalle de deux cent lieues. Mais cette communication, impossible dans les entrailles de la terre, a pu exister sur sa surface, et la fausse interprétation des écrivains que je réfute, tend cependant indirectement à la solution de mon problème.

Je trouve, dans un fameux géographe de l'antiquité, un texte sur ce sujet, qui a paru aux commentateurs une énigme digne du Sphynx, mais que, sans être Œdipe, je vais expliquer : » Nous n'avons point

» appris, dit cet écrivain, qu'aucun de
» ceux qui nous ont précédés ait navigué
» vers l'Orient, le long de ces rivages,
» jusqu'à l'embouchure de la mer Cas-
» pienne.

C'est Strabon qui parle ainsi : on sçait qu'il écrivait dans Amasée, ville du Pont, démembrée de la Cappadoce : et, en se plaçant dans la patrie de ce géographe, on suit de l'œil l'ancien canal de communication, qui joignait le Pont-Euxin à la mer Caspienne.

Et, si l'on doutait de la justesse avec laquelle j'explique le texte énigmatique de Strabon, voici comment, dans une autre partie de son ouvrage, cet écrivain célèbre s'explique lui-même : » les Palus-Méo-
» tides, dit-il, reçoivent dans leur sein le
» tribut des eaux du Tanaïs et de la mer
» Caspienne.

Clitarque, antérieur au géographe du siècle d'Auguste, affirmait de son côté, au rapport de Pline le naturaliste, QUE LA MER CASPIENNE ÉTAIT LA MÊME QUE LE PONT EUXIN.

Assurément, ce n'était que sur une tradition de la plus haute antiquité, que Clitarque et Strabon réunissaient ainsi les lits des deux mers : car il existait de leur temps une tradition intermédiaire, que l'auteur de la CHRESTOMATHIE, qui n'est autre que l'abbréviateur du dernier géographe, nous a conservée, et d'après laquelle on fixait à trois mille toises la longueur de l'Isthme, qui séparait le Pont-Euxin de la mer Caspienne. Ces trois mille toises répondent à un peu plus de 60 de nos lieues légales, et on en compte aujourd'hui, d'après la Carte de Pallas, au moins 180; ainsi voilà un intervalle de près de cinq dégrés, qui était couvert des eaux de la mer Caspienne, une foule de siècles avant la jonction des deux bassins.

Je ne me dissimule pas qu'on trouve,

entre les deux Méditerranées, la Chaîne du Caucase, espèce de barrière, que semble avoir placée la nature, pour empêcher leurs lits de se confondre : mais c'est au dessus de l'endroit, où cette montagne mère prend naissance, que les deux mers ont pu se joindre : le judicieux Danville avoue que, de ce Caucase naissant jusqu'à la mer d'Azof, il ne règne qu'une plaine immense : la mer d'Azof elle-même reçoit dans son sein le Don ou l'ancien Tanaïs, qui se prolonge jusqu'au désert d'Astracan ; les terres qui séparent vers le Nord les deux mers ne sont donc pas élevées, et l'union des deux bassins n'est plus un paradoxe.

D'ailleurs, la seule inspection d'une Carte de la Russie suffirait pour tirer ce système de l'ordre des conjectures philosophiques. On y voit le Don qui se jette dans la mer d'Azof, s'approcher de très-près du Volga, qui se décharge dans la mer Caspienne. Le sçavant Busching ne fixe qu'à dix huit milles la moindre distance qui se trouve entre ces deux fleuves ; ainsi en rendant navigable la riviére de Hawla, qui communique au Don, et celle de Camischinka qui se réunit au Volga, l'intervalle des dix huit milles serait réduit à un quart de lieue.

Pallas va plus loin : il affirme quand je ne parais que douter. D'après sa théorie, la jonction des deux mers a du être dans la contrée où le Manstysch, qui dirige son cours vers le Bas-Don, prend sa source. Tous ces faits démontrent que la nature, à cette Latitude, n'a mis aucun obstacle à la jonction antique du Pont-Euxin et de la mer Caspienne.

Au reste ma plume circonspecte ne fera point franchir aux flots de la mer Caspienne, du moins vers l'origine des Monarchies connues, les rochers couronnés de frimats qui servent de ceinture à l'Asie. Il n'est point dans mes principes de déranger les limites du monde, pour rendre probable un systéme.

Je marche vers la raison, guidé par les faits, et quand les faits me manquent, j'ai le courage de m'arrêter.

Dans l'hypothèse si philosophique, que la mer Caspienne a couvert autrefois la moitié de l'Asie, je me figure comme une grande Isle élevée au milieu des eaux, cette Chaîne du Caucase qui, placée aujourd'hui entre l'Europe et l'Asie, sert, pour ainsi dire, de barrières à deux mondes.

En trouvant les vestiges d'une ancienne communication entre la mer Caspienne et le Pont-Euxin, j'ai prouvé que ce grand lac de l'Asie a pu autrefois être une dépendance de notre Océan Atlantique; et il n'est pas nécessaire, pour cet effet, de rien changer dans la structure actuelle du Globe; car on sçait que la Mer-Noire coule par le bassin de Marmara dans la Méditerranée, dont les eaux s'unissent à leur tour à celles de l'Océan, par le Détroit de Gibraltar.

Après avoir rendu à la mer Caspienne

les domaines que la terre lui avait usurpés, d'Orient en Occident, il faut voir maintenant ceux qu'elle peut avoir perdus du Midi au Septentrion.

Les anciens, dont Strabon est l'interprète, croyaient presque tous que l'Araxe, ce fleuve célèbre, qui prend sa source dans les montagnes d'Arménie, se partageait en 40 branches, dont toutes se déchargeaient dans l'Océan Septentrional, à l'exception d'une seule, qui avait son embouchure dans la mer Caspienne. Suivant une autre tradition plus récente, dont Hérodote est le garant, les 30 premières branches de l'Araxe se perdaient dans des marais, comme notre Rhin dans des sables. Aujourd'hui l'Araxe n'a point 40 branches; très-peu se confondent avec l'eau des marais, et aucune n'a son embouchure dans l'Océan, ni même dans la mer Caspienne. Le rapprochement de tous ces faits, qui renferment une contradiction apparente, me semble une preuve évidente de l'ancienne union de notre mer Glaciale à la mer Caspienne. Il est tout simple que l'Araxe de Strabon se jettât primitivement, par quelques-unes de ses branches, dans la mer Septentrionale, lorsque cette partie de l'Océan couvrait le Nord de l'Asie; cette mer s'est retirée ensuite; des lacs salés ont marqué les traces de sa retraite, et voilà les marais où se déchargent les branches de l'Araxe d'Hérodote. Aujourd'hui les marais et les branches mêmes de l'Araxe se sont desséchés: mais le contraste de nos Cartes géographiques sur le cours de ce fleuve, avec celles des anciens, n'indique qu'une vicissitude du Globe, dont il ne faut point faire un crime aux Strabon et aux Hérodote.

Je me hâte d'arriver aux preuves directes de ma théorie : et je ferai marcher les autorités des Pline, des Méla et des Strabon, avant celle que présente la géographie. Car dans ce siècle, où les sçavants à préjugés font si légérement le procès aux anciens, j'aime à prouver qu'ils ont dit ce que le Globe était, avant que ma raison m'indiquât ce qu'il a dû être.

Strabon, Plutarque, Méla, Pline l'ancien, Denys le Périégéte, Arrien et d'autres écrivains de moindre poids, s'accordent tous à affirmer, que la mer Caspienne n'était qu'une émanation de l'Océan Septentrional, qu'ils appellaient la mer de Saturne, et que notre géographie moderne désigne sous le nom de mer Glaciale.

Le géographe du siècle d'Auguste dit en propres termes : » La mer Caspienne » est un golfe de l'Océan qui se prolonge » vers le Midi : le canal à sa naissance est » assés étroit, mais, à mesure qu'il descend » vers l'Asie, il s'élargit davantage.

Pline ne cite point Strabon, mais il le copie : son texte est une vraye version Latine de la phrase Grecque du célèbre géographe.

Denys le Périégéte qui, sans être poëte, a mis en vers la géographie du monde connu, est l'interprète fidelle d'une tradition qui remonte à une haute antiquité : » Je » n'ai point, dit-il, navigué dans la mer » Caspienne, mais il m'est aisé de la dé- » crire. . . . Elle est d'une forme ronde, » quoique hérissée de Golfes. . . . Son » étendue est immense : car elle s'étend » singulièrement du côté du Nord, et ses » flots s'y confondent avec les vagues de » l'Océan.

Plutarque, Méla et Arrien n'ont pas un autre symbole en géographie. Ils sont tous partis d'une route différente pour arriver au même but : ce concert n'est point celui d'une érudition vulgaire, qui ne sçait que transcrire : il méritait que nos Strabon tentassent de remonter aux sources, au lieu d'envelopper l'antiquité entière dans le même anathème.

J'observe que cette idée de la jonction primitive

primitive des deux mers sert à concilier deux textes anciens qui, jusqu'ici, ont paru contradictoires. Pline le naturaliste place son Isle de Tazata, que tout indique être la nouvelle Zemble, dans la mer Septentrionale, et Méla veut qu'elle soit dans la mer Caspienne; assurément la contradiction disparaît, si l'idée-mère de la retraite graduée de l'Océan est adoptée, et si on peut fixer une époque où la mer Caspienne n'était qu'un Golfe de la mer Glaciale.

Mais enfin des autorités, quelque soit leur poids, ne rendraient pas saine une doctrine que la logique démontrerait hétérodoxe; Strabon, Pline, Méla ont droit à nos hommages, mais notre vénération ne doit point aller jusqu'à plier l'évidence devant leurs hypothèses : voyons si la configuration physique de l'Asie, l'autorité la plus sacrée pour des géographes, se prête à la jonction des deux bassins de la mer du Nord et de la mer Caspienne.

Le baron de Sthralemberg compte trois cents lieues, de l'extrémité Septentrionale de la mer Caspienne à l'extrémité Méridionale de la mer Blanche, qui n'est qu'une prolongation de cette partie de l'Océan, qui baigne le Nord de la Sibérie ; mais affin qu'on ne m'accuse pas d'affaiblir les objections qui naissent de ma théorie, et de plier ainsi la vérité à mes systèmes, puisque les meilleures Cartes comptent au moins quinze dégrés d'un rivage à l'autre, je porterai cette mesure à quatre cents lieues : espace immense sans doute, mais qui cesse d'effrayer, lorsqu'on observe que le grand bassin de l'Asie qui nous occupe, a été évidemment diminué, depuis la tradition conservée par Ptolémée, de près de 540 lieues. L'analogie conduit à croire, qu'une mer qui a perdu 540 lieues de l'Est à l'Ouest, peut, si le sol n'est pas plus élevé, en avoir perdu 400 du Midi au Septentrion.

Quand on examine dans le silence des

préjugés toute cette partie de la Russie, qui s'étend de la mer Caspienne à la mer Blanche, ou d'Astracan à Archangel, on ne tarde pas à reconnaître quelque fondement dans l'opinion des anciens, que la mer Caspienne ne fut, dans les temps reculés, qu'un Golphe de l'Océan Septentrional.

Busching, le plus exact des rédacteurs de livres de géographie, (je ne dis pas des géographes), nous apprend que tout le terrein qui environne Astracan est tellement imprégné d'eau de mer, que le sel s'y crystallise, et qu'on en retire des morceaux entiers semblables à des glaçons. Ces marais salans sont le livre, où le physicien lit les preuves du séjour de la mer au delà d'Astracan.

J'ai parlé antérieurement de l'hypothèse si vraisemblable de Ptolémée, qui met l'embouchure du Volga au 49e. dégré de Latitude, tandis qu'elle se trouve au 46e. sur les Cartes de Pallas et de Vanverden : voilà donc au moins 70 lieues de terrein, que la mer Caspienne pouvait occuper de plus vers le Nord, au siècle où fleurissait cet astronome.

D'un autre côté, l'inspection seule de ce grand Golfe de l'Océan Septentrional, qu'on nomme la mer Blanche, annonce qu'il fut un temps, où il pénétrait plus avant dans les terres, qui forment aujourd'hui les gouvernements de Nowogorod et d'Archangel. Le lac Onéga qui avoisine ce Golfe, en descendant vers l'Ouest, en a été visiblement détaché; et si, comme tout l'indique, ce lac Onéga n'est qu'une prolongation de la mer Blanche, voilà encore la mer Caspienne rapprochée de l'Océan, de 70 lieues.

Je ne trouve, dans les histoires du Nord, aucun monument qui m'indique l'époque, où la Russie interméditaire ait été sous les eaux : ainsi des 400 lieues qu'on compte de la mer Blanche à la mer Caspienne, il en reste un intervalle de 260, qu'on ne peut remplir qu'en recourant à l'analogie et à la raison.

Cependant il est des autorités dont je peux m'appuyer, pour rendre probable la réunion des deux mers, telle est celle de Busching : voici son texte : » On a découvert » des traces, suivant lesquelles la mer du » Nord s'étendait davantage vers le Sud, » ou ce qui revient au même, suivant les- » quelles ses eaux doivent diminuer. On a » en particulier, trouvé des morceaux de » bois jettés par la mer sur des hauteurs, » où, ni le flux ni les vagues ne sçauraient » atteindre. » Observons que Busching a fait en 1750 et en 1761, de longs séjours à Pétersbourg : qu'il a tâché de voir par ses yeux tout ce qu'il décrit, et que pour suppléer à ce qu'il n'a pu voir, il a consulté les livres Russes, les actes publics et jusqu'aux manuscrits des gens de lettres. Strabon et Ptoleméé n'en ont pas fait davantage.

D'Antermony, conduit à la même théorie que Busching : » Je crois, dit ce voya-
» geur , qu'il y a peu de pays au monde
» qui soit mieux arrosé , et où il y ait un
» si grand nombre de lacs et et de rivières
» que dans cette partie de la Sibérie.
» En particulier, depuis la rivière des Ton-
» guses jusqu'à la mer Glaciale , tout le
» pays est couvert de forêts impénétrables.

Le sçavant Muller, dont le nom a encore plus de poids que celui d'Antermony , ne dissimule pas qu'il est convaincu que la masse des eaux diminue graduellement, sur les côtes de la mer Glaciale.

Quand les géographes, qui voyent ce qui est, et le philosophe qui voit ce qui doit être, se rencontrent ainsi dans leurs opinions, il faut que ces opinions ne soient pas de simples conjectures.

Observons de plus, que la nature n'a élevé

aucune Chaîne de montagnes entre Astracan et Archangel, qui pût s'opposer à la jonction des deux mers; encore aujourd'hui, il serait aisé, pour faciliter aux habitans de cette partie de l'Asie, le commerce de la Russie avec la Perse, d'y construire un nouveau canal de Languedoc, sans avoir besoin du génie d'un Riquet, et des richesses d'un Louis XIV.

Au reste, ce que je propose en ligne droite, a été exécuté en ligne courbe : Pierre le Grand, le Louis XIV des Russes, fit creuser en 1716 un canal, qui communique par le Volga au lac Vilmen, delà à celui de Ladoga, et ensuite par la Néva à la mer Baltique, qui n'est qu'un Golfe de l'Océan ; il ne falut couper aucune montagne pour unir ainsi l'Océan à la mer Caspienne.

Si, au lieu de supposer la jonction primitive des deux mers à l'Ouest de la Russie, on l'imaginait à l'Est, c'est-à-dire, à l'entrée de la Sibérie, on ajouterait encore de nouvelles probabilités à l'hypothèse.

Les anciens connaissaient très peu la partie Septentrionale de l'Asie : ils ne la désignaient que par le nom vague d'Asia Extra Taurum, d'Asie au-delà du Taurus; et qui sçait si on ne devrait pas regarder comme une prolongation du Taurus même, ces monts Riphées dont ils faisaient la ceinture du monde ?

Ce monde ainsi borné à l'entrée de l'Asie Septentrionale, n'est pas le nôtre, sans doute ; mais cette contradiction apparente s'explique, dès qu'on rencontre dans les siècles reculés, une époque, où la plus grande partie de la Sibérie était sous les eaux ; alors le mont Caucase, contre lequel les vagues de l'Océan vont se briser, peut être pour les géographes de la Grèce, la ceinture de notre Continent, et les ouvrages des Cellarius et des Danville sont bons, sans qu'on ait droit d'accuser d'erreur les

Strabon et les Ptolémée qui les contredisent.

Et comment la Sibérie aurait-elle été connue des anciens, si c'est un climat vierge et récemment arraché de l'empire des eaux?

L'abbé Chappe d'Hauteroche, qui parcourait cette vaste contrée en 1761, pour observer le passage de Vénus, se plaignait à chaque instant de ce qu'il n'y trouvait que des rochers nuds et des déserts de sables: il voyageait quelquefois trois jours sans rencontrer un arbre : il ne s'offrait alors à ses regards d'autres vestiges de la nature vivante, que des dents de poissons, dont la race est éteinte, et des débris de coquillages.

» La Russie, dit ailleurs cet académi-
» cien, n'est qu'une vaste plaine, de Saint
» Pétersbourg à Tobolk. . . . Je l'ai tra-
» versée de l'Ouest à l'Est, sur une distance
» de 700 lieues : à l'Ouest de cette plaine
» est la Baltique, à l'Est l'Irtiz, au Nord
» la mer Glaciale, et au Sud la mer d'Azof

» et la mer Caspienne. . . . Pétersbourg
» n'est qu'à 18 toises au dessus du niveau
» de la mer, et Tobolsk à 68 : ce sont les
» deux extrêmes de l'Empire, de l'Ouest à
» l Est. Ces extrémies du Nord au Sud sont
» le niveau de l'Océan. . . . Suivant le
» nivellement que j'ai fait de cette partie
» de la Russie, la plus grande hauteur du
» pays entre Pétersbourg et Jackabiza, sur
» une distance de près de cent lieues, n'est
» que de quarante-cinq toises, et la plus
» petite de dix-huit. Ainsi la hauteur
» moyenne est 31, qui ne diffère que de 14
» des deux extrêmes.

Outre le peu d'élévation de ce vaste pays, ainsi géométriquement démontré, il faut observer qu'il s'y trouve encore une foule de lacs salés. Le principal est celui de Jamuska, dans la province de Tobolsk : le sel s'y crystallise de lui-même, en forme de cubes réguliers : on y trouve aussi une montagne de trente coudées de haut, sur

210 de long, qui renferme, depuis le bas jusqu'aux deux tiers de la hauteur, un sel très-dur, transparent et composé de crystaux cubiques dégagés de toute matière hétérogene.

Un indice bien plus sensible encore du séjour primitif de l'Océan en Sibérie, c'est, comme je l'ai déjà fait pressentir, que cette vaste contrée, à commencer du 50e. dégré de latitude, s'abaisse considérablement du côté du Nord ; cette pente singulière du terrein, que les voyageurs apperçoivent, quand ils dirigent leur route vers la mer Glaciale, désigne évidemment sa retraite.

Cette mer Glaciale forme, comme l'on sçait, à l'embouchure de l'Oby, un Golfe qui s'avance près de 40 lieues dans les terres; et le fleuve qui s'y jette, sorti du lac d'Alten au 52e. dégré de Latitude, parcourt le vaste pays qu'il arrose, sans être arrêté par aucune montagne qui change la direction de son cours ; il ne doit ses sinuosités qu'à l'égalité du terrein où il coule : on peut juger de la facilité avec laquelle la mer a pu couvrir ces plages, par la tranquillité avec laquelle l'Oby se rend à son embouchure.

Les monumens de l'histoire se joignent aux monumens physiques, pour rendre probable l'opinion, qui fait de la Sibérie un terrein arraché à l'Océan. Il est certain que les Sibériens sont un peuple tout neuf ; en 1583, époque de la conquête du pays par les Russes, on n'y trouva que deux grands villages. La date de la découverte du Kamsatka est encore plus récente ; elle est de 1648, et le Cosaque Atlassow n'eut besoin que de cent soldats, pour ajouter cette province aux vastes déserts qui forment l'empire des Czars.

Les connaissances de ces peuples sont aussi bornées que leur population; ils ignoreraient parfaitement l'art de mesurer le temps, sans le retour périodique des frimats : un Sibérien dit, je suis âgé de tant de neiges, comme nous disons, je suis âgé de tant d'années ; et assurément l'époque de la civilisation est bien récente chez des Sauvages, qui n'ont que des neiges pour calendrier.

Quelque soit le sentiment qu'on adopte sur la jonction de la mer Caspienne à l'Océan, soit qu'on la fasse communiquer à la mer Glaciale par l'embouchure de l'Oby, soit qu'on conduise ses eaux à la mer Blanche par le lac Onéga ou par Archangel, il en résulte toujours que la mer Caspienne a pu être un Golfe de l'Océan Septentrional, et par conséquent que Pline et Strabon méritaient, sinon l'honneur d'être crus de nos Danville, du moins celui d'en être réfutés.

C'est, au reste, un singulier spectacle pour le Philosophe, que de voir l'embarras des géographes modernes, quand il s'agit de concilier leur théorie de la terre avec celle des anciens : les noms des Strabon et des Ptolémée leur paraissent bien respectables, mais ce qu'ils appellent la vérité l'est encore plus pour eux. Ils disent donc, quoiqu'avec timidité, que les anciens se sont trompés; mais ils le disent; et l'unique ménagement qu'ils conservent pour ces noms respectables, c'est d'annoncer leurs erreurs, sans s'appésantir à es prouver.

Il était cependant bien facile d'être vrai; sans se faire le détracteur des anciens : il suffisait de voir en grand le spectacle de la nature, de ne point donner à notre Globe l'enfance de notre raison, et de supposer que la demeure mobile de quelques êtres nés pour mourir, pouvait avoir éprouvé quelque vicissitude.

Oui, le spectacle que nous présente la terre, n'est plus le même qu'il était il y a cinquante siècles, mais c'est le théâtre seul qui a changé de décorations; hier il représentait une mer agitée : aujourd'hui c'est une campagne riante : demain ce sera un désert.

En un mot, laissons dans nos Cartes la mer Caspienne, formant un lac isolé au centre de l'Asie : mais ne dégradons pas la mémoire des Pline et des Strabon, parce qu'ils ont fait de ce lac un Golfe de l'Océan.

L'ancienne prolongation de la mer Caspienne du côté du Midi, n'est pas appuyée sur des textes authentiques, comme elle l'est du côté du Nord ; cependant quelque hardie que paraisse d'abord cette opinion, il serait bien plus aisé de l'établir que de la réfuter.

Il y a environ 350 lieues, de l'extrémité de la mer Caspienne, à l'entrée du Golfe Persique, qui communique par le Détroit d'Ormus à la mer des Indes ; or cet espace n'est point coupé par de hautes montagnes : en général, ce n'est qu'un désert de sables, excepté dans les endroits où l'industrie de l'homme a forcé la nature, pour y construire des villes.

Il n'est pas vraisemblable que ce Golfe Persique, qui s'étend encore aujourd'hui à 250 lieues dans les terres, n'ait pas été prolongé autrefois plus avant dans la Perse : le flux et le reflux seul de cette mer, d'autant plus violent qu'elle est plus proche de l'Équateur, suffisait pour opérer cet effet ; et si la mémoire de cette prolongation n'est pas consignée dans les livres Persans, elle l'est dumoins aux yeux du physicien, dans le grand livre de la nature.

Qu'on jette les yeux sur le Golfe Persique et sur la Mer Rouge, ces deux grands bras de l'Océan qui semblent former un rempart circulaire à l'Arabie ; d'où vient la première mer, ne forme-t-elle qu'un long bassin de 250 lieues, tandis que l'autre, qui s'étend parallèlement, en a plus de 600 ? La seule raison qu'on puisse en alléguer, est que la Mer Rouge ne reçoit aucun fleuve

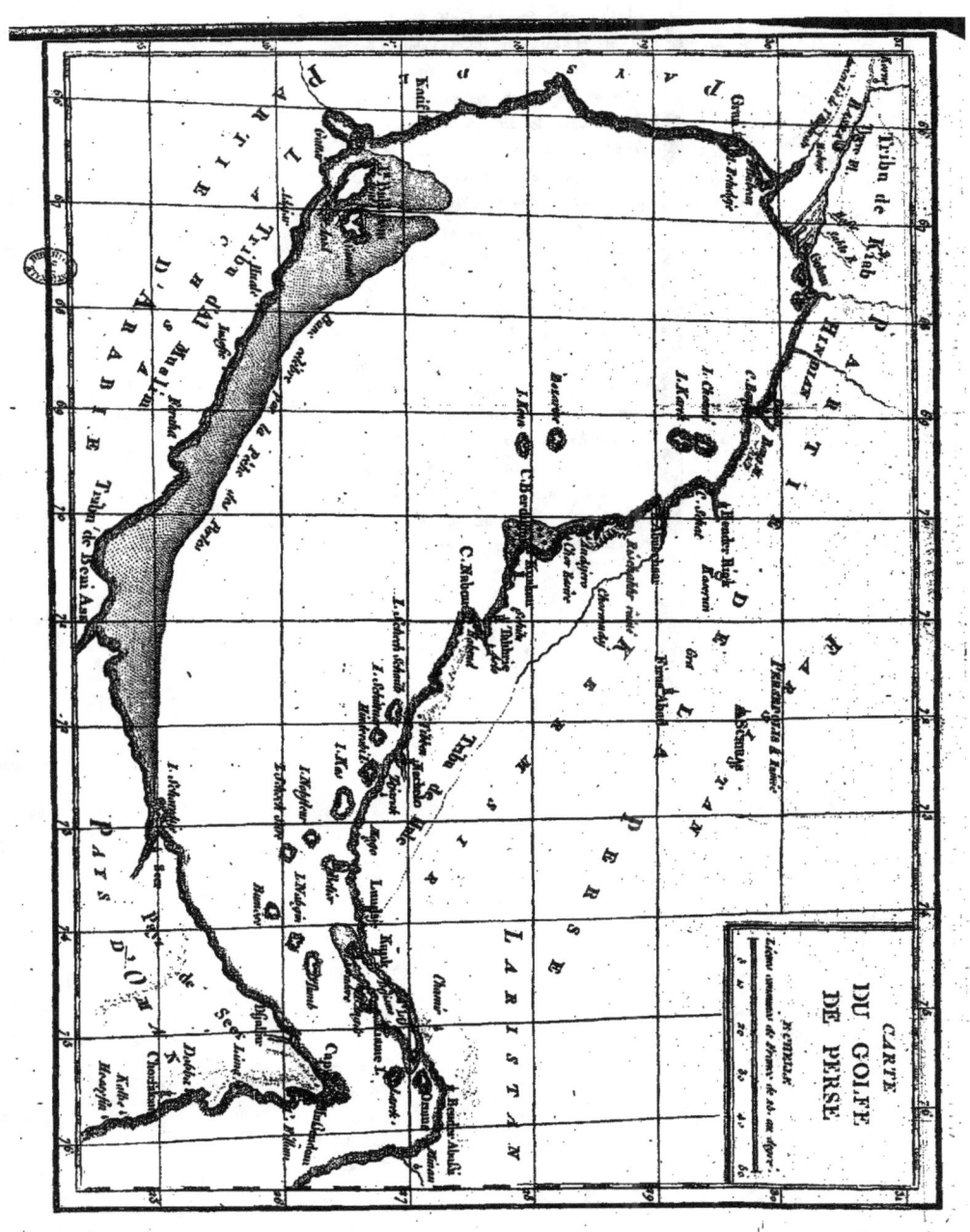

fleuve qui puisse briser ses flots, tandis qu'à l'entrée même du Golfe Persique, le Tygre et l'Euphrate réunis, s'opposent à l'effort des marées, amoncèlent les sables et élèvent des digues naturelles qui reculent sans cesse les limites des eaux.

Il est plus que probable que sans le Tygre et l'Euphrate, le Golfe Persique aurait à peu près l'étendue de la Mer Rouge; or, si vous joignez aux 250 lieues de ce Golfe, les 350 qui lui manquent pour atteindre à la mer Caspienne, vous aurez les 600 lieues de la Mer Rouge, et le problème sera résolu.

Cette union des deux mers que les philosophes cherchent sur la surface de l'Asie, des voyageurs et des géographes ont cru la trouver dans ses entrailles : Struys et le Jésuite Avril ont assuré qu'il y avait dans le voisinage de Kilan, deux gouffres, où les eaux de la mer Caspienne allaient s'engloutir, pour se rendre ensuite par des canaux souterrains dans le Golfe de Perse ;

de Fer et ses copistes marquent même la place de ces gouffres sur leurs Cartes. Il est vrai que des informations ultérieures, faites par ordre de Pierre le Grand, et surtout une philosophie austère, que nous avons fait valoir en parlant de la jonction souterraine de la Mer Noire, démentent l'existence de ces deux gouffres ; mais la tradition s'en conserve toujours dans la Perse ; et quelqu'erronnée qu'elle soit, elle prouve toujours que la jonction de la mer Caspienne à celle des Indes par l'intermède du Golfe Persique, n'est point une épisode de l'Utopie de Morus, ou de l'histoire des Sévarambes.

Le Missionnaire Avril ajoute à l'opinion de la jonction souterraine des deux mers, un fait qu'il est difficile d'expliquer, quand on ne croit pas à cette jonction : le peuple qui habite le long du Golfe, y remarque tous les ans une grande quantité de feuilles de saule à la fin de l'automne ; or, l'arbre qui les produit est parfaitement inconnue dans la partie Méridionale de la Perse qui aboutit à ce Golfe, tandis que toutes les côtes en sont bordées dans la partie Septentrionale qui touche à la mer Caspienne. Je ne tire aucune induction de ce singulier phénomène, parce qu'il est lié avec l'existence des gouffres, qui peut être probable dans la philosophie romanesque des Orientaux, mais qui n'a qu'une faible autorité en histoire.

Un sçavant, qui a beaucoup voyagé en Amérique, et qui s'est souvent écarté de sa route, pour interroger la nature dans le reste du Globe, nous a fourni sur l'ancienne jonction de la mer Caspienne au Golfe de Perse, quelques preuves un peu moins conjecturales que celles de nos Missionnaires : l'article me semble très-philosophique, et je n'ai besoin que de le transcrire.

» Les anciens ont eu raison de supposer

» que la mer Caspienne était une prolon-
» gation du Golfe de Perse ; les probabilités
» de ce fait ont augmentées, depuis qu'on
» a connu la figure exacte de la mer Cas-
» pienne, par les Cartes que le Vice-Amiral
» Kruys a insérées dans son grand Atlas
» du cours du Volga. En parcourant l'es-
» pace intermédiaire du Golfe Persique
» à la mer Caspienne, sur une ligne idéale,
» tracée entre le 71e. et 72e. dégré de
» Longitude, depuis le cap Nalan jusqu'à
» Ferrabath, on retrouve des vestiges très
» sensibles d'un ancien lit de la mer : ce
» sont des campagnes d'un sable mouvant,
» mêlé de débris de corps marins, et de
» fragmens de coquillages. Au sortir de
» ces plaines arides, on entre dans le grand
» désert sablonneux qui est à 40 Parasanges
» au Nord d'Ispahan : au sein de cette soli-
» tude, on découvre d'énormes monceaux
» de sel, épars sur une surface de plusieurs
» lieues en tout sens. Les habitans du pays

» nomment encore aujourd'hui ce canton,
» quoique situé fort avant dans les terres,
» Mer Salée ; et nos Cartes l'indiquent
» par le nom de Mare Salsum. A la droite
« de cette campagne de sel, régne un long
» cordon de Dunes ou de collines sablo-
» neuses, que les vagues ont entassées,
» et qui se prolongent par le Sud Est, jus-
» qu'aux racines du mont Albours, qui a
» été autrefois un Volcan célèbre, que la
» retraite de la mer a éteint. En avançant
» toujours sous le même Méridien, le ter-
» rein s'incline, et la pente continue.

Je sçais que le Taurus, une des branches du Caucase, coupe la Perse, mais c'est des deux côtés de la Chaîne qu'a dû être la communication des deux bassins : alors le Taurus était une Isle qui dominait sur la mer Caspienne ; comme le Caucase, dans l'origine de la population humaine, domi- nait sur le monde, lorsqu'une mer unique en couvrait la surface.

Quant aux montagnes du second ordre, elles étaient sous les eaux à cette époque, et en effet, on observe que les éminences qui sont à droite et à gauche de Baku, une des villes Persanes, fournissent des sources d'eau salée, qui toutes vont se rendre à la mer Caspienne : on rencontre aussi à chaque instant des coquillages, de la nature de ceux qu'on pêche dans cette Méditerranée de l'Asie, tout le long de la route qui conduit au Golfe de Perse.

Au reste, l'histoire s'unit à la philosophie, pour rendre moins problématique l'antique jonction des deux bassins. Lorsqu'Alexandre, dans son rêve superbe de la conquête du monde, se vit arrêté, non loin de la mer Caspienne, par les murmures de son armée, le héros la harangua, et son discours qui nous a été transmis par Arrien, s'appuye sur cette tradition Orientale :
« Braves compagnons de mes exploits, leur » dit-il, je connais votre grandeur d'âme

« et je ne fixe aucun terme à vos travaux,
» dès que vous trouverés la gloire au bout
» de votre carrière : si cependant quelqu'un
» de vous désire de sçavoir où s'arrêteraient
« nos conquêtes, qu'il considère combien
» peu il nous reste de contrées à subjuguer,
» jusqu'au Gange et à l'Océan Oriental; car
» on assure, et vos yeux en seront les té-
» moins, que cette grande mer qui enve-
» loppe le monde, s'unit à la mer Caspienne.

Après avoir rendu à la mer Caspienne tant de domaines que l'Asie semble lui avoir usurpés, osons retourner un moment sur nos pas, et embrassons d'un coup-d'œil, s'il est possible, cet Océan immense qui dut baigner la patrie des hommes primitifs.

Nous avons vû des traces non suspectes du séjour de la mer Caspienne sur les terres situées, tant à son Orient et à son Occident, qu'à son Nord et à son Midi; ces contrées imprégnées de sel et couvertes de coquillages, portent encore l'empreinte des assauts que l'onde leur a livrés en les abandonnant. Ce n'est donc plus un paradoxe que de dire que l'Océan a couvert un jour la moitié de l'Asie et de l'Europe, et qu'il s'étendait alors sans interruption des régions du Pôle à l'Équateur.

Il n'y a aucun rapport sans doute entre le petit lac Asiatique où se jette aujourd'hui le Volga, et cet effroyable amas d'eaux qui communiquait autrefois à la mer Glaciale, à l'Océan Atlantique, et à la mer des Indes ; cependant il faut bien, pour se faire entendre, appeller l'un et l'autre mer Caspienne.

Entraîné, par la chaîne de mes idées philosophiques, à des résultats qui contredisent les opinions reçues, je ne vois pas sans inquiétude toute la carrière que j'ai osé parcourir : quoique j'aye commandé à mon imagination de marcher sans cesse à la suite des faits, je crains que quelquefois elle ne les ait devancés. Ayons le courage de revenir encore sur nos pas ; et voyons si le flambeau qui devait nous conduire à la vérité, ne nous a pas, malgré nos soins, conduit à un système.

L'idée que la mer Caspienne a couvert un jour le tiers du Globe connu, doit effaroucher tout homme qui ne connait que le monde qu'il voit, et qui ne lit que les livres qu'il pourrait faire ; mais s'il voulait interroger avec moi la nature, dans le silence des préjugés, méditer sur les monumens anciens qui contredisent nos opinions, et surtout ne point apprendre la géographie des premiers âges sur nos Cartes, peut être il parviendrait à ce scepticisme raisonné, qui convient à tout homme qui veut lire l'histoire, et auquel je suis parvenu pour être digne de la composer.

J'ai peu parlé de l'union de la mer Caspienne à l'Océan par l'intermède de notre Méditerranée d'Europe ; mais cette union n'en est pas moins une vérité physique,

que le philosophisme de nos modernes géographes ne sçaurait ébranler.

Si l'on consulte le récit des prêtres de Saïs, sur lequel est fondé le fameux fragment de Platon sur l'Atlantide, qui doit faire bientôt l'objet de nos recherches, on reconnaît aisément que les premières notions sur cette Isle célèbre, sont venues de l'Égypte. Or, si son peuple a communiqué originairement avec les Atlantes, ce n'a pu être que par mer ; et comme cette mer s'est retirée, c'est dans les vastes déserts de la Libye qu'il faut chercher la trace des pas de ses premiers navigateurs.

A deux ou trois journées du Nil, à l'Ouest de l'Égypte, on voit ensevelis dans les sables, des débris d'édifices publics et de forteresses ; on ne peut douter que ce ne soient les restes d'anciens ports de mer, puisqu'on voit toujours à peu de distance, et dans le même alignement, des bassins entourés de rochers qui servaient évidemment d'asyle aux navires : ces ruines, éloignées entr'elles de plusieurs lieues, se prolongent graduellement dans les terres, quand on les parcourt en sortant de la Méditerranée. Il semble que les peuples, sentant le besoin qu'ils avaient de la mer, s'en soient toujours rapprochés à mesure qu'elle les abandonnait. La position de la principale de ces ruines semble indiquer aux géographes la ville où était le fameux temple de Jupiter-Ammon.

Cette conjecture, si vraisemblable, est appuyée de la tradition des Africains qui habitent ces contrées ; on y appelle encore mer de Barca, mer de Cyrène, mer d'Ammon, les plaines de sables qui leur ont succédé ; la plus célèbre de ces mers desséchées est à deux journées du Caire : les Arabes la nomment Bahar-Bellomah, c'est-à-dire, mer sans eau : on y rencontrait encore, au commencement de ce siècle, des navires entiers pétrifiés.

A trente lieues du Caire, il y a une vallée, de plus de trente lieues, qui conduit par une pente douce jusqu'à la Mer Rouge : cette vallée est remplie, à la hauteur de plusieurs coudées, de coquillages de toute espèce ; il est évident qu'ils y ont été amoncelés par les flots, et que la mer s'est retirée successivement de ces plages. On a aussi observé avant moi, que les vaisseaux qui venaient jusqu'à Suez, il y a 80 ans, sont obligés de mouiller aujourd'hui à seize milles plus bas, et que le fameux port de Colzum, dont il est parlé si souvent dans les premières annales du Mahométisme, serait, s'il existait encore, à plus de dix lieues de la Mer Rouge.

Cette Mer Rouge a sûrement couvert l'Isthme de Suez; et on n'a peut-être point avancé un paradoxe, quand on a dit que les restes de ce bassin prolongé en Europe formaient le Golfe de Venise.

C'est surtout aux environs de la mer Caspienne qu'il m'importe de trouver des traces de la retraite des eaux. J'ai épuisé à cet égard les faits et les preuves tirées de l'analogie. Quant à la chaîne des philosophes qui auraient pu constater la gradation de cette retraite, elle n'existe plus pour nous, parce que tous les monumens littéraires de l'Asie ont été détruits par le temps ou par la flamme des buchers : cependant je puis appeller encore en témoignage le célèbre Omar, qui soutenait par ses lumières l'académie de Samarcande, il y a plus de 900 ans. Ce grand homme avait écrit sur la retraite même de la mer ; il appuyait son opinion sur les puits d'eau salée qu'il rencontrait de toutes parts en Asie, sur les changemens arrivés à la figure de ses côtes, et sur tout sur le contraste des Cartes géographiques de son temps, avec celles qui avaient été dressées, deux mille ans avant lui par les astronomes de l'Inde et de la Perse. Comme ce système contredisait quelques textes du

Coran, les enthousiastes de Mahomet l'accusèrent devant les inquisiteurs; et le Galilée de la Tartarie fut obligé de se bannir de Samarcande, pour n'être point obligé de demander pardon, dans une Mosquée, d'avoir été meilleur philosophe que ses persécuteurs.

Plus heureux qu'Omar, je puis dire à mes concitoyens que leur pays a fait partie de l'Océan, sans blesser essentiellement la religion dont ils s'honorent; ma physique ne sappe la base ni du trône ni des autels, et je serai encore digne des regards de ma patrie, en recherchant celle des hommes primitifs.

Il résulte d'un philosophie circonspecte, de l'examen approfondi de la surface de nos continents, et des traditions qui nous ont été transmises par l'antiquité, qu'il fut un temps où les peuples primitifs purent naviguer de la Mer Glaciale à celle des Indes, et peut-être des rivages du Japon au delà du Détroit de Gibraltar. Cet effroyable amas d'eaux parcouru par les premiers Argonautes, constituait une mer unique, et tout homme sans préjugé peut lire l'histoire de sa retraite ou celle de l'émersion du Globe, dans les diverses révolutions de la mer Caspienne.

DES GRANDS CATACLYSMES,

QUI ONT ACCÉLÉRÉ L'ÉMERSION DU GLOBE.

Si le Globe, organisé pour la nature, ne s'était découvert que par la retraite lente et graduée de l'Océan, il faudrait placer des séries étonnantes de siècles entre chaque période de son développement, et alors le monde serait infiniment plus vieux que ne l'annoncent, je ne dis pas les Révélations qui mentent toujours en physique, mais même les philosophes, les plus dégagés de tout préjugé en Cosmogonie, les philosophes, qui ont parlé de cent mille ans pour remonter au berceau de l'homme, et que le sacerdoce, dans tous les cultes, accusait d'audace, quand le grand livre de la nature ne les accusait que de pusillanimité.

Ne nous arrêtons que sur le grand phénomène

nomène de la mer Caspienne, que je viens de développer, et voyons, par le calcul, quelle période de temps le Globe aurait eu à parcourir pour parvenir du point où les êtres animés purent se propager sur ses montagnes primordiales, jusqu'à l'époque des ages modernes, où la Méditerranée de l'Asie s'est vu réduite, dans sa direction de l'Est à l'Ouest, à un espace de soixante lieues.

Le Caucase, au temps du berceau du monde, était, comme nous l'avons fait pressentir dans un autre chapitre de cet ouvrage, infiniment plus élevé qu'il ne l'est devenu de nos jours; alors ses sommets, couverts de détriments de végétaux et de coquillages, se trouvaient arrondis, comme les Plateaux de l'Asie; grace à l'enveloppe qui les protégeait contre les influences de l'atmosphère; il ne faut point comparer ces éminences sans aspérité des premiers ages, aux Pics dépouillés de terre végétale;

qui aujourd'hui les remplacent, à ces squelettes de Granit, mille fois décomposés par l'air, fendus par les glaces, mutilés par la foudre, qui n'offrent aux regards que des ruines suspendues, prêtes à écraser les spectateurs.

Mais comme à l'origine des premières Sociétés, cette montagne-mère devait avoir une partie de ses flancs découverts, ne prenons pas même pour base du calcul les sommets actuels des Cordilières, et ne supposons au Caucase que les deux mille quatre cents toises, qu'on accorde au Mont-Blanc sur le niveau des mers. Si nous partons des expériences de Von-Linné et de ses douze disciples, qui ont fixé à quarante-cinq pouces par siècle, la diminution progressive des eaux sur les côtes de la Suède, il en résultera que ce n'est qu'en trois cent quatre-vingt-quatre mille ans que la nature a achevé les révolutions de la mer Caspienne.

Je sçais que trente-huit mille quatre cents siècles ne sont rien pour l'age d'une Planète, qui offre tant de traces de sa décrépitude : mais nous ne parlons ici que du Globe organisé pour la nature, et tout me porte à croire que le genre humain, qui produit encore des Voltaire, des Montesquieu et des Newton, n'est pas assés dégradé, pour qu'on fasse rétrograder à près de quatre cents mille ans la tige de sa généalogie.

Nous avons vu, dans les élémens de notre Cosmogonie, que plus d'une cause avait concouru à la configuration actuelle du Globe.

Quand la mer descendit sur sa surface, pour en créer les montagnes Secondaires, il n'était encore refroidi que dans son enveloppe : les vagues, en se mêlant avec les substances hétérogènes de notre Planète, les firent fermenter ensemble : de là les vuides, les immenses cavernes et toutes ces anfractuosités de son massif intérieur, qui devaient préparer le genre-humain à tous les grands Cataclysmes, dont il serait un jour le témoin, quand il pourrait en être la victime.

D'un côté les parois des voutes sousmarines purent s'écarter : de l'autre, l'histoire du Volcanisme nous a montré les grandes cavernes, sur lesquelles repose l'Océan, pleines de pyrites, de minéraux et de toutes sortes de substances inflammables, dont le contact de l'eau suffisait pour amener l'explosion : et cette théorie nous indique deux sortes de révolutions, qui empêcheront à jamais le philosophe de graduer, avec quelque précision, l'échelle de l'émersion du Globe.

En effet, la pression de l'Océan ayant dû se faire, non seulement latéralement, mais encore dans la direction verticale, il a dû en résulter de temps en temps la chute de quelques grandes cavernes, qui absorbèrent les vagues amoncelées sur leurs voutes ; et alors les eaux se retirèrent d'une manière précipitée, et laissèrent tout-à-coup à découvert, sur une grande surface, les flancs des montagnes primordiales.

De plus, la simple fermentation des matières inflammables par la filtration insensible des eaux, suffisant pour amener des explosions terribles dans les entrailles de la terre, on sent que l'élévation subite d'un Archipel Volcanique, tel que celui de la Sonde, n'a pu s'opérer, sans que les flots de l'Océan ayent été refoulés et portés sur les Continents à des distances incalculables : ce qui contrarie encore les calculs mathématiques, sur l'émersion graduée du Globe.

Tout lecteur intelligent peut, d'après les faits majeurs sur lesquels pose notre hypothèse, porter tour à tour l'analyse philosophique sur ces deux espèces de grands Cataclysmes; sur celui qui résulte de l'écroulement des cavernes contre lesquelles les mers étaient adossées, et sur les effets désastreux de l'éruption des Archipels Volcaniques, dont l'antiquité nous a transmis la mémoire sous le nom de déluges.

Il n'est pas dans la nature de cet ouvrage, de nous arrêter long-temps sur la première classe de ces révolutions terribles qui ont changé la face du Globe, parce qu'il n'en reste de traces que dans sa géographie physique, et que, du moment que nous avons atteint le fil de l'histoire, notre plan est de ne le plus quitter, jusqu'à ce que nous soyons sorti du labyrinthe inextricable du Monde Primitif.

Il est bien évident qu'une caverne sousmarine qui, dans les premiers ages, portait le massif d'un Continent, n'a pu s'écrouler, sans anéantir les peuples qui vivaient sur les éminences de sa surface. Aussi tout, jusqu'aux Révélations, est muet sur ces grands désastres; il ne nous reste de vestiges, dans la tradition écrite, que sur la chute de la voute qui, dans un age intermédiaire, amena le naufrage de l'Atlantide : et cet évènement est destiné à occuper nos crayons dans le cours de cet ouvrage.

Les déluges tiennent plus immédiatement aux annales primitives; et il faut s'y arrêter, parce qu'ayant fait déraisonner tour à tour le philosophisme et le sacerdoce, il importe au genre-humain qu'on n'empoisonne pas impunément les sources de son histoire.

DES DÉLUGES.

Le Globe, surtout dans les plaines de ses Continents, a été, pendant un grand nombre de siècles, couvert d'eaux stagnantes, qui coupaient les communications entre les Colonies et la Métropole : alors les vrais héros furent les hommes courageux qui creusèrent des lits aux fleuves, et préparèrent ainsi les campagnes à devenir le théâtre de la nature. Ce fait est de la plus grande authenticité ; et pour l'anéantir, il faut étendre sur sa raison un triple bandeau, faire divorce avec l'univers sensible, et bruler nos bibliothèques.

Mais les fondateurs des principaux cultes de l'Europe, et le troupeau servile de sophistes qui se trainent toujours à leur suite, ont voulu expliquer ce phénomène par un déluge universel : ce qui renverse de fond en comble notre système philosophique sur l'origine des nations, et en général toutes les Cosmogonies où l'on organise le Globe, sans l'intervention de la baguette des merveilles.

Avant de parler des inondations partielles, produites par l'éruption des Archipels Volcaniques, rappellons une partie des observations majeures disséminées dans le cours de cet ouvrage, et qui servent naturellement d'antidote à la doctrine erronée du déluge universel.

Depuis que la physique a entrouvert le rideau, derrière lequel la nature travaille lentement à la génération des êtres et à leurs métamorphoses, un nouvel horison s'est développé aux yeux du philosophe; il a vu la Terre, telle qu'elle est, et non telle que les cultes populaires la dessinent; dèslors il ne lui a plus été permis de faire des Cosmogonies avec un Cahos théologique, une Arche de Noë, des Anges et des miracles.

Le Globe porte évidemment l'empreinte de son séjour primordial sous les eaux; ce que la géographie physique démontre par la coupe et l'organisation interne de ses montagnes du second ordre, par la correspondance très-souvent observée entre leurs angles, et surtout par le parallélisme du plus grand nombre des couches de matières hétérogènes, qui forment leur architecture.

Des naturalistes ont été plus loin : ils ont porté l'analyse jusques sur les substances que l'Océan recélait depuis tant de siècles au fond de ses abymes : et ils se sont convaincus que la terre était dessinée à sa surface, comme elle l'est dans le lit des mers.

Mais il n'y a que des causes lentes et uniformes, telles que l'action des courants, celle du flux et du reflux, qui ayent pu ainsi organiser les plaines terrestres, et sous-marines, élever les Chaînes Calcaires, et les adosser ainsi que les Volcans, au Granit des roches primordiales.

Les montagnes sur-tout, qui toutes ont été évidemment des Isles, avant d'élever leurs cimes altières sur les Continents, déposent par leur structure, contre l'intolérance réligieuse qui refuse d'y reconnaître l'ouvrage lent et gradué d'une mer unique, descendue à une époque incalculable de l'atmosphère, sur la surface du Glôbe.

Dire que les Chaînes Calcaires ou Volcaniques ont été créées en un instant par la Parole, ou qu'elles ont été organisées par l'action tumultueuse d'un déluge, qui, en quarante jours, a surpassé de plusieurs coudées l'Ararat et le Caucase, c'est se jouer de la raison humaine, qui seule a droit de faire des Cosmogonies, et de juger les réligions.

Fable pour fable, il me semble qu'en ce genre, je préférerais la Mythologie Indienne à la Genèse. Les montagnes, disent les prêtres des bords du Gange, faisaient autrefois un compartiment régulier sur le Globe : jalouses du pouvoir des Dieux, elles se révoltèrent, volèrent dans les airs, cachèrent le Soleil au genre humain, et retombèrent sur les villes pour les écraser. Le grand Visir du Sultan céleste accourut pour leur faire la guerre, il vint à bout de leur couper les ailes; alors elles se précipitèrent par leur propre poids, et couvrirent d'une manière irrégulière la terre et l'Océan. Du moins, dans cette rêverie ingénieuse, les montagnes existaient avant qu'elles prissent leur vol vers le firmament. Observons au reste, que cette fable, ainsi que toutes celles des anciens peuples de l'Asie, porte un caractère original. On y voit l'idée-mère de la lutte de Satan contre Jehovah, ou du moins celle de la bataille des Titans contre Jupiter dans les champs Phlégréens, qui a fait naître tant de beaux vers sous la plume d'Ovide, et des tableaux si sublimes sous le pinceau de Jules-Romain.

Le séjour de l'Océan, pendant des myriades de siècles, sur la surface de la terre, se démontre encore par cet amas de coquillages, de squéletes de poissons et de plantes marines, qu'on rencontre dans toute l'étendue des deux Continents, soit dans les plaines, soit sur la cime des montagnes, que le temps n'a pas tout-à-fait dégradées.

Ces dépouilles marines ne sçauraient être l'ouvrage d'un déluge ; car alors elles y seraient éparses et sans ordre, comme les ruines du colosse de Rhodes, qu'un tremblement de terre a renversé ; au contraire il n'y a rien de plus régulier que leur distribution; on trouve des bancs de coquillages de deux cents lieues de long, disposés par la main lente du temps, avec un ordre qui nous étonnerait encore, quand ce serait un monument de la patience de nos architectes.

On découvre des squéletes de poissons

sous des carrières qui ont mille pieds de hauteur, et ces squéletes sont incorporés avec la substance même du rocher ; pour expliquer ces phénomènes par un déluge, il faudrait donc regarder l'eau dont la terre a été inondée, comme un dissolvant universel ; ce qui répugne également à l'histoire et à la raison:

Ajoutons qu'en admettant même, que tous les corps qui forment la substance du Globe, eussent pu se dissoudre et se mêler un moment, bientôt leur gravité spécifique les aurait rétablis dans leur place naturelle ; alors les plus pesans seraient tombés au fond du fluide, et les plus légers seraient restés à la surface ; mais le Globe n'est point arrangé suivant les proportions de cette échelle ; les matières les plus pesantes se trouvent à chaque instant posées sur les plus légères : le marbre sur la craie, et les métaux sur les sables, la composition du monde est donc l'ouvrage des eaux, qui ont tout organisé successivement et avec lenteur, et non celui de ces mêmes eaux qui ont tout bouleversé dans un déluge.

Les naturalistes, qui ont fait des recherches sur la géographie intérieure du Globe, ont porté notre opinion au dernier degré d'évidence, en observant que presque toutes les couches qui le composent, sont parallèles; qu'on les rencontre toujours horisontales dans les plaines, et toujours inclinées dans les montagnes, parce qu'elles y ont été formées par des sédiments, posés sur une base inclinée; ce parallélisme concourt, avec les autres preuves antérieures, à démontrer le travail successif de l'Océan, à justifier contre les blasphèmes de l'apôtre du hazard, la main toujours régulière de l'ordonnateur des mondes, et par conséquent à faire sortir notre Histoire du Monde Primitif de la classe des hypothèses.

Après avoir prouvé par la raison que le Monde Primitif ne doit pas son organisation à un déluge, il faut tenter de le démontrer par l'histoire; car s'il devient évident que toutes les éruptions des eaux sur nos continents, n'ont jamais été que des inondations partielles, il en résulte que la structure générale du Globe, ni dans son intérieur, ni dans sa surface, n'est l'ouvrage du déluge.

Déluge du Caucase. — Les premiers déluges se sont fait sentir sur la première patrie du genre-humain. Il est hors de doute qu'à la naissance des ages, la terre n'étant découverte que par les sommets de ses grandes Chaînes, les eaux filtraient de toutes parts dans ses entrailles, y faisaient fermenter les Pyrites, et produisaient ainsi ; avec plus de facilité, ces terribles éruptions Volcaniques, qui obligeaient les vagues refoulées à s'élever à la hauteur des montagnes.

La plus étonnante de ces inondations a dû être, lorsque la conflagration interne du du Globe, projetta, du sein de l'Océan Asiatique, l'Archipel de la Sonde. On se représente quelle influence dut avoir, sur la demeure mobile des hommes, l'élévation subite d'un massif à demi embrasé, qui a près de vingt dégrés ou de 500 lieues dans toutes les directions : c'est alors que j'aurais pardonné à l'orgueil de quelques peuples Autochtones, de croire que le Dieu qui les protégeait avait noyé le reste du genre humain.

L'effroyable refoulement des vagues dut se faire en tout sens, mais surtout du côté de l'Asie, qui, par la Péninsule de Malaca, touche à l'Archipel.

C'est alors qu'une de ces montagnes d'eau, détournée de sa route par la Presqu'isle de l'Indostan, submergea l'Isle de Ceylan, et suivant la direction de la Mer Rouge, alla, par dessus l'Isthme de Suez, former le Golfe Adriatique, qui n'est que la prolongation de cette mer, aux yeux du célèbre Paw, et de tous les bons philosophes.

Mais c'est surtout vis-à-vis l'Archipel Volcanique, que les vagues amoncelées jusqu'aux nues durent faire le plus de ravage : je me figure ces Alpes d'eau, se dirigeant le long du Golfe de Bengale, couvrant les plaines de l'Indostan, et coupant, dans la Perse, le bassin immense de la mer Caspienne, aller expirer sur les flancs du Caucase.

La configuration du Continent de l'Asie du côté des Isles de la Sonde, est un monument frappant de ce grand Cataclysme. Il est morcelé, à l'Orient et au Midi, dans un espace de plus de mille lieues, par une foule innombrable de Bayes et de Golfes, qui annoncent l'action des mers qui l'ont déchiré. Voyés surtout les Golfes de la Chine, du Tonquin, de Siam, du Bengale, de Guzarate, et le Détroit de Babelmandel. Pour s'assurer de l'existence de ce premier des déluges, il ne faut point de livres, on n'a besoin que de la Carte d'un géographe.

Au reste, si l'incrédulité voulait un monument historique, il s'est échappé, des débris des annales primitives, un fragment qui nous a été transmis par Archiloque; cet écrivain dit positivement : » Qu'au » temps de l'âge d'or, une inondation » effroyable obligea les hommes à chercher » un azile sur les hauteurs du Caucase.

DÉLUGE DE XIXOUTHROS. — Xixouthros est un des héros de la Chaldée, qui n'est connu que par des fragmens de Bérose, d'Abydène et de Polyhistor, que George le Syncelle nous a conservés. Je place son déluge, à la seconde Ere de ma Chronologie philosophique, parce que l'empire où il fleurit, touchant par le Nord à une des branches du Caucase, tient de près au berceau du genre humain. L'Assyrien, une des premières colonies de la nation mère, cultiva d'abord, comme l'histoire l'atteste, les hauteurs de la Médie; ensuite, à mesure que la mer se retira de la Chaldée, il vint vivifier les plaines riantes du Tygre et de l'Euphrate.

D'ailleurs, tout ce que nous sçavons des origines de la Chaldée, jusqu'aux traits étonnants de ses annales, que notre orgueilleuse ignorance appelle ses fables, atteste sa prodigieuse antiquité : surtout, si on met cette Monarchie en regard avec l'Egypte, que son fleuve a créée, et avec la Palestine, qui a volé à tous les peuples qui l'ont asservie, leurs mœurs, leurs loix et leurs Cosmogonies.

J'aime cet amphybie Oannès, qui vient du Golfe de Perse, réuni alors à la Mer Rouge, donner des loix à la Chaldée, comme l'attestait l'antique Bérose, dans son histoire de Babylone : on voit assés qu'un Sage, moitié homme et moitié poisson, n'est, dans la langue symbolique du Sacerdoce, qu'un navigateur civilisé, qui vient en suivant l'Océan, aux traces de sa retraite, donner à des peuples Nomades, les premiers élémens du pacte social.

Les mages de la Chaldée, ne rappétissaient pas l'idée de l'ordonnateur des mondes, en lui faisant créer tout ce qui existe, il y a tout au plus soixante siècles, après en avoir fait un être passif pendant toute une éternité. La généalogie de leurs dynasties avait quelque chose d'imposant; ils comptaient cent vingt Sares ou Périodes de 3600 ans, entre Aloros le chef de leur Colonie et le déluge de Xixouthros. Ce calcul est exagéré sans doute; la race humaine n'est pas encore assés abatardie, pour qu'elle compte plus de quatre cents trente-six mille ans, depuis son berceau; mais enfin cet extrême sourit plus à notre intelligence, que celui qui est adopté par Moyse; j'aime mieux le rêve de l'orgueil qui me réhausse, que celui de l'ignorance qui me rapproche du néant.

» Xixouthros, disent les historiens de
» la Chaldée, occupait le trône d'Ardate,
» lorsque Saturne lui apparut en songe.
» il lui prédit que les hommes allaient être
» anéantis par un déluge ; et, après lui
» avoir recommandé de porter dans la
» ville du Soleil et d'y ensevelir dans la
» terre, tous les monumens littéraires qui
» consacraient la mémoire de l'origine
» des êtres et de leur durée, il lui enjoignit
» de construire un navire, où il se ren-
» fermerait lui, sa famille et ses amis, et
» de s'abandonner à la haute mer. le Roi
» de la Chaldée demanda où il devait di-
» riger sa route : vers les dieux, répondit
« Saturne.

» Xixouthros, réveillé, et docile à la voix
» du ciel, fait construire un vaisseau de
» cinq stades de long et de deux de large,
» y entre avec sa femme, ses enfans et ses
» amis, et le laisse voguer au gré des flots
» amoncelés par le déluge.

» Lorsque le fléau cessa, le Prince en-
» voya quelques oiseaux à la découverte,
» qui ne trouvant point de nourriture, ni
» même de sol découvert où ils pussent se
» percher, revinrent dans leur azile. Au
» bout de quelques jours, ces mêmes oi-
» seaux lâchés hors du navire, y rentrèrent
» les pattes appésanties par la fange : la
» troisième fois ils se répandirent au loin,
» et ne reparurent plus.

» Xixouthros conjectura que la terre
» était découverte, et abordant à la pre-
» mière montagne, il y descendit avec une
» partie de sa famille : de ce moment il
» disparut.

» La tradition veut que la montagne où
» s'arrêta le navire Chaldéen, fut une des
» Chaînes de l'Arménie.

» Les compagnons de Xixouthros, pri-
» vés de leur chef, descendirent dans la
» Chaldée, retirèrent du sein de la terre,
» dans la ville du Soleil, les monumens

» historiques qui y étaient enfouis; et re-
» vivifièrent les ruines de Babylone. »

Quoique ce récit ait l'air d'avoir été défiguré, en passant sous le compas théologique du Syncelle, cependant il est aisé
d'y reconnaître la pensée originale du déluge de Noë, que les écrivains Hébreux
adoptèrent, pendant les longs séjours de
leur captivité dans Babylone.

Une remarque importante, c'est que tout
est, dans ce récit, d'après l'ordre naturel
des événements. La baguette des prodiges
n'y joue aucun rolle. La Revélation Assy-
rienne n'y a évidemment ajouté que le songe;
et on sent assés que le songe d'un Roi n'a
aucune influence sur un déluge.

Le navire de cinq stades ou de 255 toises
de long, sur deux stades ou 102 toises de
large est d'une proportion gigantesque sans
doute; mais enfin sa construction n'est
pas physiquement impossible, sur-tout à
une époque, où la nature se trouvait dans

toute la vigueur de son adolescence; où des Cèdres monstrueux, pouvaient servir de bois de construction, où l'homme plus grand, plus robuste, d'une tête plus saine, déployait avec plus d'énergie ses facultés physiques et son intelligence.

Dans le déluge de Xixouthros, on ne voit point les Cataractes du ciel s'ouvrir, pour élever les uns sur les autres, une foule d'Océans impossibles, et surmonter d'un grand nombre de coudées, dans le faible espace de quarante jours, le Mont Blanc les Andes et le Caucase, qu'il a fallu peut-être quatre cents mille ans d'une retraite graduée des mers, pour découvrir depuis leurs sommets jusqu'à leurs racines.

Ce fléau ne désola pas le Globe entier : car les hommes dont parle Saturne ne sont que ceux de la Chaldée, auxquels commandait Xixouthros : si le déluge avait dû être universel, l'oracle en aurait parlé : Dieu, père de tous les hommes les aurait tous embrassés dans sa sollicitude, et il n'aurait pas négligé les quatre-vingt-dix-neuf centièmes du genre-humain, répandus sur nos Continents, pour s'occuper uniquement d'un Roi de la Chaldée et d'une ville du Soleil.

Il est infiniment probable que la grande inondation de Xixouthros, fut due à l'élévation d'un Volcan solitaire, au sein de la mer Caspienne, qui, à cette époque, servait encore de canal de communication entre la mer du Nord et la mer des Indes : les eaux refoulées couvrirent quelque temps les plaines du Tygre et de l'Euphrate, et allèrent expirer contre les flancs Granitiques des montagnes d'Arménie.

Le peu de temps que la terre submergée mit à se découvrir, démontre qu'il en fut de ce désastre, comme de celui où de nos jours, le port de Callao au Nouveau Monde a disparu sous les vagues de l'Océan. De part et d'autre les flots ne s'amoncelèrent, que jusqu'à ce qu'à force de s'étendre et par conséquent de se diviser, elles reprissent leur lit avec leur équilibre.

Puisque Babylone était bâtie du temps de Xixouthros, l'Ere de son déluge coïncide avec le premier age historique des Monarchies.

Déluge d'Hyérapolis. — Il nous a été transmis par Lucien. Mais comme le texte Grec, contre l'usage de cet ingénieux sophiste, est en dialecte Ionique, tel qu'on l'employait au temps d'Hérodote, comme il y règne un fond de superstition Sacerdotale, qui contraste avec le caractère d'esprit philosophique de l'auteur des dialogues, on est tenté de croire que Lucien n'a été que l'éditeur de cet ouvrage singulier, écrit peut être originairement vers l'age de Sanchoniaton.

» Deucalion le Scythe fonda en Syrie
» le temple d'Hyérapolis : ce temple cé-
» lèbre où les statues suent, se meuvent

» d'elles-mêmes et rendent des oracles...
» C'était en mémoire du déluge qui arri-
» va sous son règne, et auquel il eut le
» bonheur d'échapper....

» Voici comment les Grecs rapportent
» cette étrange histoire :

» La race actuelle des hommes n'est pas
» la race primitive; elle est issue du Scythe
» Deucalion, dernier rejetton du peuple
» dominateur qui opprima le Globe...

» Ce peuple-tyran fut puni de ses atten-
» tats par un désastre terrible. Tout à coup
» la terre vomit de son sein une immense
» quantité d'eau, les fleuves débordèrent,
» et la mer s'éleva à une telle hauteur que
» la terre fut inondée. Le peuple antique
» y périt tout entier, à l'exception de Deu-
» calion, que sa piété rendit digne d'être
» le père d'une nouvelle race d'hommes.

» Ce fut sur un navire immense que le
» Sage se déroba avec toute sa famille au
» naufrage; à peine y était il monté, que

» les sangliers, les lions, les chevaux, les
» reptiles, et tous les animaux qui vivent
» sur la surface du Globe, s'y rendirent
» de leur côté. On observe que tous ces
» êtres dangereux vécurent dans cet azile
» sacré, sans faire du mal à leur hôte, et
» sans s'entredétruire.....

» Vers la fin de ce fléau, il se fit tout
» à coup à Hydrapolis une ouverture pro-
» digieuse, par laquelle toute l'eau du dé-
» luge fut absorbée. C'est sur cette ouver-
» ture, devenue par le laps des siècles très-
» étroite, que fut bâti le fameux temple
» de Deucalion.

Ce récit plus imprégné d'impostures sacerdotales, que celui du déluge de Xixouthros, se rapproche plus de la manière de
Moyse; mais comme le lieu élevé de la
scène, où l'évènement s'est passé, a dû être
découvert un grand nombre de siècles avant
les plaines impures de la Palestine, où étaient
le lac Asphaltide et la mer de Génésareth,

je suis convaincu que le déluge de Noë n'est qu'une mauvaise copie de celui du Scythe Deucalion.

Le fléau, suivant l'auteur inconnu qui nous a été conservé par Lucien, s'annonça surtout par une immense quantité d'eau, que la terre vomit de son sein, et par l'élévation de la mer au dessus de ses limites : tout cela s'explique par un tremblement de terre, pareil à celui qui renversa Lima et Lisbonne, et il est inutile de noyer le Globe, pour donner des compagnons d'infortune aux habitans d'Hyérapolis.

La Syrie, comme l'on sçait, est exposée aux débordements de l'Oronte et aux inondations produites par les torrents qui tombent de la double Chaîne du Liban et de l'Antiliban : elle a donc dû subir, de temps en temps de ces déluges particuliers que l'effroi des peuples, uni à leur vanité, leur fait prendre pour un désastre commun à la terre entière. Je trouve dans une vieille

Chronique d'Aliljad, que l'an 1095 de notre Ere vulgaire, un déluge de ce genre exerça ses ravages dans cette même partie de l'Asie: personne ne construisit d'Arche: les lions, les reptiles et les chevaux, ne demandèrent point d'azile à l'homme, mais les habitans se sauvèrent en désordre sur les montagnes, et une fois arrivés sur leurs cimes escarpées, à la vue de la mer fugitive qui les environnnait, ils crurent la terre entière submergée, comme sous le règne du Scythe Deucalion.

Le phénomène le plus important du déluge d'Hyérapolis est celui de la formation du grand abyme, par où les eaux de cette Syrie (que le crédule historien appelle le Globe), s'écoulèrent. On ne peut se dissimuler qu'il ne s'agisse ici de quelque caverne, d'un ordre très-inférieur dont les piles, secouées par un tremblement de terre, seront tombées en ruines; et assurément la position de l'ouverture de ce gouffre, sous les fondements du temple d'Hyérapolis ; manifeste assés à une raison éclairée, que les eaux qui s'y écoulèrent n'étaient que celles d'une inondation, particulière aux peuples qui habitaient la Chaîne du Liban ; car si la terre entière avait gémi d'un pareil Cataclysme, une ouverture, du diamètre de la mer Caspienne, aurait à peine été suffisante pour absorber cette foule d'Océans amoncelés les uns sur les autres, depuis les plaines de l'Oronte jusqu'aux cimes du Caucase.

Déluge de Noë. — Une intolérance odieuse, exercée contre la pensée, a longtemps enchaîné la plume de l'historien qui voulait redresser Moyse, pour reconcilier le culte de Jehovah avec la physique. A force de faire envisager le désastre, cité dans les annales Hébraïques, comme un miracle, soit dans son principe, soit dans ses effets ; le Sacerdoce avait accoutumé le peuple des écrivains à croire au lieu de discuter : et le
Sage

Sage même s'imaginait justifier son silence, en disant qu'il y avait de la témérité à exposer les phénomènes ordinaires de la nature, à côté des merveilles qui la contredisent.

Je ne cherche point à porter les derniers coups de coignée à l'arbre imposant de la Religion Européenne, dont la morale est si pure, et qui voit tant d'hommes de bien reposer sous son ombrage : j'aurais trop à rougir de voir mon nom se mêler avec tous ces noms flétris de perturbateurs, qui ont réussi, dans ma patrie malheureuse, à entourer de ruines l'ordre social. Mais débarrasser cette religion de tout l'échaffaudage Sacerdotal qui la fait méconnaître au philosophe, c'est l'épurer et non pas la détruire. Il est bon qu'on sçache que le culte sublime de la reconnaissance envers l'ordonnateur des mondes, est indépendant des dogmes qui blessent notre entendement, et qu'on peut être aussi religieux que Socrate, Congfutsée, ou Newton, sans admettre la Cosmogonie de Moyse, ou la fable Orientale du déluge universel.

« Dieu, (écrit Moyse ou l'écrivain qui
» a pris son nom), se repentit d'avoir fait
» l'homme...... Mais Noë trouva grace
» devant lui.

» J'ai résolu, dit-il à l'homme juste, de
» faire périr tous les hommes ; ils ont rem-
» pli la terre d'iniquité, et je les exter-
» minerai avec la terre.

» Construisés-vous une Arche de pièces
» de bois applanies. Vous y ferés de petites
» chambres, et vous l'enduirés, dedans et
» dehors, de bitume.....

» La longueur de cette Arche sera de trois
» cents coudées, sa largeur de cinquante
» et sa hauteur de trente....

» Je vais répandre les eaux du déluge
» sur la terre, pour faire mourir tout ce
» qui respire.... Tout ce qui est sur la terre
» sera consumé....

» Vous ferés aussi entrer dans l'Arche deux

» de chaque espèce de tous les animaux,
» mâle et femelle, affin qu'ils vivent avec
» vous....

» Vous prendrés aussi tout ce qui peut
» se manger....pour vous servir de nourri-
» ture à vous et à vos animaux.

» Noé accomplit tout ce que Dieu lui
» avait commandé....

» L'an six cent de la vie de ce Patriarche,
» les sources du grand Abyme des eaux
» furent rompues, et les Cataractes du ciel
» s'ouvrirent.

» Et la pluye tomba sur la terre pendant
» quarante jours et quarante nuits...

» Les eaux inondèrent tout et couvrirent
» toute la surface de la terre....: et toutes
» les plus hautes montagnes, qui sont sous
» le ciel, en furent couvertes.

» L'eau ayant gagné le sommet de ces
» montagnes, s'éleva encore de quinze cou-
» dées plus haut....

» Tous les hommes moururent ; et gé-

» néralement tout ce qui a vie et qui res-
» pire sous le ciel.... il ne demeura que
» Noë seul, et ceux qui étaient avec lui
» dans l'Arche.

» Et les eaux couvrirent toute la terre
» pendant cent cinquante jours......

» Ensuite Dieu s'étant souvenu de Noë,
» fit souffler un vent sur la terre et les eaux
» commencèrent à diminuer.

» Les sources de l'Abyme furent fermées,
» aussi bien que les Cataractes du ciel...
» et l'Arche se reposa sur les montagnes
» d'Arménie....

» Ce fut le premier jour du dixième mois,
» que les montagnes commencèrent à pa-
» raître....l'an six cent un, les eaux qui
» étaient sur la terre se retirèrent entière-
» ment.... et le vingt-septième jour du se-
» cond mois, la terre fut toute sèche.

Du moment que la géographie physique, les annales de l'Asie et la raison, nous ont persuadés de la prodigieuse antériorité des

Chaldéens, des Syriens et des Phéniciens, par rapport au petit peuple obscur de la Palestine, il est aisé de voir, parmi les trois déluges de Xixouthros, d'Hyérapolis et de Noë, quelles sont les copies et quel est l'original.

Une circonstance bizarre de ce grand plagiat, c'est que le nom même du héros Israélite, Noë, (ou plutôt Noach dans l'Hébreu), semble copié d'après d'autres traditions étrangères. La Phrygie rapportait un petit déluge de l'Asie Mineure, au temps de son roi Annac : les Grecs en fixaient un autre dans le Péloponèse, pendant la vie du Prince Inachus ou Inach. Ces mots d'Anach, d'Inach et de Noach, ont une singulière apparence de consanguinité, et il est inutile, pour le prouver, de s'enfoncer dans les landes de l'étymologie, sous les auspices des Vossius, des Bochart et des Gebelin.

Au reste, on peut observer que Moyse

a pris aux étrangers tout ce qui se concilie avec la raison, dans le récit de leurs inondations partielles, et qu'il n'y a vraiment de lui, dans sa fable Orientale du déluge de Noé, que les erreurs de physique, les contradictions et les merveilles.

Comment a-t-on pu dire à des êtres, à qui Jehovah avait donné un entendement, que Jehovah se repentait d'avoir fait l'homme, et qu'il voulait anéantir tout ce qui existait sur la terre, parce qu'il avait fait un mauvais ouvrage?

Comment ont pu s'assembler, dans une petite région voisine de l'Arménie, sans effrayer l'homme, sans combattre leurs ennemis naturels, et sans se nuire entr'eux, les Tigres, les Lions, les Jaguars, les Crocodiles et toute cette race odieuse d'animaux malfaisants, disséminés sur toute la surface du Globe, et qui, partout où ils se propagent, règnent comme les tyrans sur des déserts?

A-t-on pu imaginer qu'une Arche grossière de pièces de bois applanies, renfermerait, dans une faible enceinte de trois cents coudées de long, sur cinquante de large et trente de hauteur, un couple des animaux de tout genre, qui parcourent l'immensité des airs et dont la surface de la terre est hérissée ? nos Linné, nos Aldrovande, nos Buffon, nos Tournefort, n'en connaissent pas encore la moitié, et déjà leur simple description forme un nombre effrayant de volumes, qui surchargent nos bibliothèques.

Le tableau du déluge, dans son ensemble gigantesque, n'offre pas moins d'absurdité que les dimensions de l'Arche, qui devait servir de planche tutélaire, dans le naufrage du genre humain.

LES SOURCES DU GRAND ABYME DES EAUX FURENT ROMPUES. — On a démontré qu'il faudrait amonceler les uns sur les autres quarante Abymes, comme celui de l'Océan, pour surpasser de quinze coudées les Pics du Mont-Blanc et des Cordilières. "

Les Cataractes du ciel s'ouvrirent. — Cette image est tirée de l'Égypte, où le Peuple Saint fut esclave tant de fois. Le Nil y a des Cataractes, d'où son eau s'élance au travers des rochers, avec un fracas qui en rend inaccessibles les approches. Mais qu'est-ce que les Cataractes du ciel? y a-t-il un fleuve impétueux, dans le vague des airs, qui menace de se précipiter sur le Globe, à la voix d'un législateur?

L'écrivain sacré suppose qu'au bout de neuf mois, les montagnes commencèrent à paraître, et de cette époque, il prétend qu'avant que quatre autres s'écoulassent, la terre entière se trouva desséchée; ce calcul est un des plus évidemment absurdes, dont on ait infecté jusqu'ici les pages d'une Cosmogonie. Assurément si, comme l'ont prouvé les douze physiciens du Nord, la mer ne se retire que de quarante-cinq pouces par siècle, des côtes de la mer Baltique, il est bien démontré qu'il lui faut plus de cent vingt jours, pour descendre de la cime du Chimboraço, qu'on voit aujourd'hui s'élever de dix-huit mille pieds au dessus des deux mers, qui baignent l'Isthme de Panama. Ici l'aritmétique ordinaire consultée, donnerait plus de cinq cents mille ans; il y a un peu loin de cette supputation à celle des cent vingt jours de la Genèse.

La théologie a cru dix-sept cents ans à toutes ces fables sacerdotales, parce qu'on avait eu l'art de les revêtir du nom imposant de l'être suprême. Aujourd'hui l'esprit humain est sorti de tutelle ; il ne pense pas que, pour être religieux, il faille blasphémer la physique et la nature, et c'est parce qu'il croit en l'ordonnateur des mondes, qu'il ne croit plus à la théologie.

Si du moins cette théologie seule s'était permis de déraisonner, sur l'inondation par tielle, dont l'orgueil Israëlite a fait un fléau général pour le Globe ! mais à la honte de l'esprit humain, une philosophie lugubre et atrabilaire, a quelquefois marché de compagnie avec elle. Je ne reviens pas de mon étonnement, quand je vois le sçavant Boulanger, d'ailleurs peu enthousiaste de la Révélation Hébraïque, consacrer les trois énormes volumes de son ANTIQUITÉ DÉVOI-LÉE, à rendre authentique par l'histoire le miracle de Noë, auquel son intelligence se refusait. Son grand raisonnement est : que puisque sur le Globe entier on a cru au déluge, le déluge a dû couvrir la surface du Globe. Cette preuve n'est qu'un paralogisme. Pour raisonner juste, il fallait dire : chaque contrée basse de la terre a eu son déluge, donc il n'y a point eu de déluge universel.

On croit que l'inondation partielle qui fit périr les ancêtres des Hébreux, et à laquelle Noë échappa, arriva dans la Mésopotamie; et si l'on peut croire à la chronologie infiniment conjecturale de la Genèse, qui place cet évènement l'an 1656, après le prodige impossible de la création du Globe, il en résulte qu'il est encore très-postérieur au petit déluge Syrien d'Hyérapolis.

DÉLUGE DE LA SAMOTHRACE. — Presque tous les déluges connus, qui ont désolé l'Europe, dans les ages moyens de l'histoire, sont particuliers à la Grèce. Il est probable qu'ils ont été la plupart l'effet du double mouvement de l'Océan et de la mer Noire, qui pèsent de deux côtés contre la Méditerranée. Ce mouvement, qui a peut-être contribué à briser la caverne, sur laquelle reposait l'Atlantide, a pu de temps en temps noyer l'Archipel.

Tel a été du moins le principe de la fameuse inondation de la Samothrace, dont nous devons le récit au judicieux Diodore.

» Les habitans de la Samothrace sont

» Indigènes.... Ses historiens rapportent
» qu'avant le déluge des autres pays, elle
« en avait souffert un très-grand par l'ir-
» ruption du Pont-Euxin, qui sépara les Cya-
» nées, et s'étendit, dans ce débordement,
» jusqu'à l'Hellespont. Le pont-Euxin, (à
» ce qu'on assure), était autrefois fermé
» comme un lac : mais à l'époque, dont on
» nous transmet la mémoire, son lit fut
» tellement grossi par les eaux surabon-
» dantes des grands fleuves qui s'y préci-
» pitent, qu'elle s'éleva tout-à-coup par
» dessus ses rivages, et répandit, avec
» impétuosité, sur les plaines de l'Asie,
» les eaux qui forment aujourd'hui la
» Propontide.

» Ce déluge submergea une grande partie
» de la Samothrace : de telle sorte que,
» long-temps après, les pêcheurs tiraient
» encore dans leurs filets des chapiteaux de
» colonnes, que la mer en fureur avait
» autrefois submergés. Les montagnes de

» l'Isle servirent seules d'azile contre le
» débordement.

Enfin voilà un déluge, où la Révélation
n'a eu aucune part, et que le pinceau empoisonné du Sacerdoce n'a point défiguré.

Il suffit de jetter les yeux sur une Carte
de géographie, pour se convaincre que le
simple récit de Diodore a droit à notre
créance, et pour sentir combien l'authorité
du philosophe, qui parle à une raison calme
et cultivée, est supérieure à celle des enthousiastes, qui ne veulent qu'étonner l'imagination par l'appareil phantastique des
merveilles.

Rien n'empêche d'admettre une époque,
où le Pont-Euxin, branche détachée de
la mer Caspienne, formait un vaste lac à
l'extrémité Orientale de l'Europe.

Alors le Bosphore de Thrace ne formait
point, comme aujourd'hui, un Détroit;
ses montagnes, composant un seul massif,
servaient de digue naturelle, pour empê-

cher le Pont Euxin d'unir ses flots avec ceux de la Méditerranée, par l'intermède de la Propontide.

Et comme un grand nombre de fleuves considérables, tels que ceux qu'on connaît aujourd'hui sous le nom du Dniester, du Niéper, du Don, du Kuban et du Danube, avaient leur embouchure dans le Pont-Euxin, il ne serait pas étonnant que le lit de ce grand lac, par le laps des siècles, eut atteint un niveau plus élevé que celui de toutes les Méditerranées de l'Asie et de l'Europe.

Maintenant il suffit d'admettre l'éruption d'une Isle Volcanique, ou même un simple tremblement de terre, si commun de temps immémorial dans ces parages, pour faire porter les vagues refoulées du Pont-Euxin, contre la digue naturelle qu'offrait la Chaîne du Bosphore, pour y créer un Détroit, et justifier ainsi le récit de Diodore.

Il faut observer aussi que le déluge de

la Samothrace est sans date dans l'histoire, ce qui prouve sa haute antiquité. Les infortunés qui échappèrent à ce désastre se sauvèrent sur les Pics de la Chaîne centrale de l'Isle, oublièrent peu à peu les arts, et devinrent si sauvages, qu'ils eurent besoin d'être civilisés de nouveau par un fils de Jupiter.

Déluge d'Ogygès. — Des ténèbres assés profondes sont répandues autour de ce Cataclysme. Le Perse Métasthène a prétendu qu'Ogygès avait gouverné la terre : Fabius Pictor a placé sous son règne, comme sous celui de Saturne, un age d'or : mais il est beaucoup plus probable que c'était un petit Prince de la Thèbes Grecque, dont le nom n'a échappé à l'oubli qu'à cause de son déluge.

Le sçavant Vhéler qui a parcouru, les livres de l'antiquité et les instruments de l'astronomie à la main, cette Béotie, dont Thèbes était la métropole, nous a donné, dans son voyage mémorable pour les arts, quelques lumières sur la possibilité physique de l'inondation, que je soumets ici à l'analyse.

La Béotie est une espèce de bassin régulier, circonscrit de tous côtés par plusieurs chaînes de montagnes : ses deux plaines renferment dans leur sein le petit lac Hylica et le grand lac Copaïs, où se jette le Cephise ; elles n'ont aucune communication apparente avec la mer ; et on sent qu'à la fonte des neiges et au débordement des torrents, qui descendent des hauteurs, il est aisé aux eaux de s'élever, à une assez grande hauteur, pour noyer les peuples imprudents, qui ont osé bâtir des villes sur un sol, qui appellait les désastres et les naufrages.

Strabon parle de tremblements de terre fréquents dans cette Béotie : et, par une singulière bizarrerie de la nature, ce mouvement convulsif du Globe, que nous avons vû produire ailleurs des déluges, fit cesser celui d'Ogygès.

Il est bien évident que les eaux ne pouvaient rester amoncelées contre les flancs des montagnes, que parce que la Béotie, étant un bassin fermé en tout sens, ses deux lacs n'avaient ni communication entre eux ni aucune issue vers la mer : mais un tremblement de terre, en secouant ce sol dans toutes ses directions, forma des espèces de conduits souterreins, qui furent, pour les grandes inondations, des canaux de décharge. Dans la suite, l'art perfectionna l'ouvrage imparfait de la nature : en effet le géographe du siècle d'Auguste, nous apprend qu'un architecte de Chalcis, ayant travaillé par l'ordre d'Alexandre à nettoyer ces canaux, les eaux du lac Copaïs baissèrent assés pour laisser reparaître les ruines de villes antiques, inondées par les débordements.

Le déluge d'Ogygès est distingué de tous

ceux qui l'ont précédé, par un évènement bien fait pour faire époque dans l'histoire de l'astronomie. Une tradition antique, dont l évêque d'Hypone Augustin est le garant, rapportait qu'à cette époque la planète de Vénus avait changé de couleur, de grandeur, de figure et de cours. On ajoutait, s'il faut en croire Solin, que ce Cataclysme avait été accompagné, dans la Grèce, d'une nuit de neuf mois. Il est vrai que les Grecs, qui se crurent ainsi dans les ténèbres pendant neuf mois, n'étaient point les Grecs du siècle d'Alexandre.

L'hypothèse chronologique la plus vraisemblable, ou, si l'on veut, la plus vraye; car la vraisemblance est la vérité des premiers ages historiques, place le déluge d'Ogygès vers l'an 1759, avant notre Ere vulgaire, c'est-à-dire, 250 ans avant le déluge de Deucalion.

Deluge de Deucalion. — C'est le plus célèbre de tous ceux que la Grèce a éprouvés ; il est consacré par les historiens, par les poëtes, par les philosophes, et sur-tout par le beau monument des Marbres de Paros, le guide le plus sûr dans le labyrinthe de l'ancienne Chronologie.

Cette inondation exerça sur-tout ses ravages dans la Thessalie, vaste plaine plus grande que la Béotie, et ceinte comme elle d'un cordon de montagnes, qui ne laissent qu'une gorge très-étroite par où le fleuve Pénée, chargé des eaux de cinq autres rivières, va se précipiter dans la mer. Cette Thessalie, dit Hérodote, n'était, dans les temps primitifs, qu'un lac immense ; mais Neptune ayant creusé un lit au Pénée, au travers des roches qui séparent l'Ossa de l'Olympe, toutes les eaux du lac s'écoulèrent, et le pays desséché, put offrir un trône à la postérité de Deucalion.

Une autre circonstance bien importante, dans le récit du père de l'histoire, c'est que ce fut par le secours d'un tremblement de terre, que le Dieu des mers rendit ce service signalé à la Thessalie ; peut-être même que l'effet terrible de la double pression de l'Océan et du Pont Euxin contre la Méditerranée, concourut à ce déluge de Deucalion, comme à celui de la Samothrace.

Ce qui m'amène à ce résultat, c'est le tableau des grands désastres qui suivirent l'inondation de la Thessalie. Diodore prétend que le Continent de l'Asie Mineure et l'Isle de Lesbos en furent dépeuplés. Le texte de Platon est encore plus fort : il dit qu'après ce Cataclysme, la rareté des hommes était si grande, qu'ils se félicitaient, chaque fois qu'ils se rencontraient, de tenir encore à l'existence.

Assurément l'élévation des eaux du Penée, au dessus de son lit, dans le vallon de la Thessalie, ne pouvait sans le refoulement des vagues du Pont Euxin, ou sans l'éboulement d'une caverne incendiée au sein de ses abymes, influer, au travers d'un grand intervalle de mers, sur la destinée de l'Asie Mineure ou de l'Isle de Lesbos.

Quelle que soit la cause du déluge de Deucalion, ses effets n'offrent rien de problématique à une raison lumineuse. Mais quand l'histoire eut posé les faits, l'imagination des poëtes vint ensuite, avec son coloris brillant, leur donner de l'ame et les dénaturer.

Ovide a raconté en beaux vers, et on l'a cru, dans un siècle où il y avait plus d'hommes qui aimaient les beaux vers, que de philosophes, Ovide, dis-je, a raconté, comment Deucalion se sauva de l'inondation de la Thessalie avec Pyrha sa femme ; comment au lieu de se consulter eux-mêmes, ils allèrent demander à un oracle de Thèmis, l'art de repeupler un désert; quel fut l'étrange secret donné par l'oracle pour faire des enfans ; et par quelle merveille, en jettant des pierres derrière eux, Deucalion engendra des hommes et Pyrha des filles.

Au reste, la Chronique de Paros qui parle du déluge de Deucalion, ne dit rien des pierres que ce héros eut besoin d'animer; aussi l'autorité de ce monument historique, est-elle d'un autre ordre que celle des Métamorphoses.

D'ailleurs, une logique circonspecte ne trouverait peut-être qu'un frivole jeu de mots dans les pierres vivifiées de Deucalion; l'érudit Bochart dit que le terme Phénicien ABEN, signifie également une ROCHE et un ENFANT, et un Scholiaste de Pindare dérive du même mot Grec LAOS, ceux de PIERRE et de NATION. Il est triste pour l'esprit humain d'être obligé de fouiller dans le cahos des étymologies, les origines de l'histoire.

Apollodore suppose que Deucalion, à l'approche de son déluge, entra dans un navire avec Pyrha, qu'il erra sur les flots irrités neuf jours et neuf nuits, pendant que la mer couvrait la plus grande partie de la

Grèce, et qu'au bout de cet intervalle, les eaux s'écoulant de tout côté d'une manière sensible, il s'arrêta avec son Arche sur le Mont Parnasse. Apollodore croit, comme Ovide, à la métamorphose des pierres en hommes, ce qui jette quelques nuages sur les neuf jours que dura son Odyssée, et sur le vaisseau qu'il rencontra si à propos parmi les montagnes de la Thessalie.

DE QUELQUES DÉLUGES MOINS DIGNES DE FAIRE ÉPOQUE. — La Chine parle dans ses annales, de son DÉLUGE DE PEYRUN, qui, à ne consulter que la fête destinée à en perpétuer la mémoire, ne remonte guères au delà de trois cent ans avant l'Ere moderne. Ce Peyrun, dont les Chinois font leur Deucalion, était, dit on, un Roi juste et vertueux, mais qui ne gouvernait qu'un peuple lâche et dépravé : l'Isle fertile où était le siège de son empire, provoqua la vengeance céleste, et fut engloutie dans la mer : Peyrun seul se sauva dans une barque avec sa famille, alla peupler une autre contrée de l'Asie, et, quand il fut sur le point de payer le tribut à la nature, il ne mourut point, mais il disparut.

Un des déluges les plus récents dans l'histoire, est celui que quelques peuplades du Nouveau-Monde célèbrent, dans leurs fêtes, sous le nom de Déluge des Apalaches. Suivant leur tradition, ce déluge arriva, parce que le Soleil suspendit sa course : alors le lac Théomi déborda, et inonda toute la terre, à l'exception du mont Olaymi, où était le temple du Soleil, et qui servit d'azile aux restes malheureux du genre-humain. Ce qu'il y a de fabuleux dans ce récit, porte avec soi son antidote : par exemple, ce Soleil qui suspend sa course, ce débordement d'un lac qui inonde toute la terre. Observons seulement que le Nouveau-Monde, portant toutes les marques d'un Continent sorti depuis peu du sein des eaux, les inondations particulières, qui ont pu dévaster sa surface, ne peuvent remonter qu'à un petit nombre de siècles avant sa conquête.

La dernière inondation qui mérite d'occuper un moment la plume du philosophe, est le DÉLUGE DE LA SIBÉRIE; dont le sçavant Pallas nous a, sinon expliqué les causes, du moins fait connaître les effets.

A mesure qu'on remonte les rivières dans cette vaste solitude du Nord, on trouve en abondance, dans le limon sabloneux, des ossements des grands animaux de l'Inde, tels que le Buffle, l'Éléphant et le Rhinocéros; et nulle part ces monuments étrangers ne sont plus fréquents que dans les endroits, où la grande Chaîne, qui domine sur toute la frontière Méridionale de la Sibérie, offre quelque gorge considérable par ou les eaux ont pu se précipiter.

Ces dépouilles d'animaux, qui n'ont jamais pu être Indigènes à des contrées glaciales, sont tantôt éparses, tantôt entassées par squélates et par hécatombes, et parurent à l'observateur l'efiet d'une grande catastrophe, arrivée au Nord de l'Asie.

Curieux de lire sur ce feuillet à peine entr'ouvert du livre de la nature, le philosophe s'occupa à analyser les lits qui renfermaient ces ossements, et il découvrit, avec une surprise mêlée de terreur, que les substances étrangères, incorporées à ce limon conservateur, étaient de petites Tellines calcinées, des os de poissons et des Glossopètres : ce qui dénotait évidemment que le désastre arrivé en Sibérie, n'était que l'effet d'une inondation. A force de multiplier ses recherches laborieuses, il parvint enfin au squélete d'un Rhinocéros, trouvé avec sa peau entière, des restes de tendons, de ligaments et de cartilages. Cette dépouille gigantesque était ensevelie dans les sables glacés des bords du Viloüi ; et il lui parut démontré qu'il avait fallu le déluge le plus violent et le plus impétueux, pour entrainer des cadavres, des Tropiques vers le Cercle Polaire, avant que la corruption eut le temps d'en détruire les parties molles. Ce fait, dont il est impossible de soupçonner l'authenticité, puisque c'est Pallas qui l'a transmis au monde sçavant, et qu'une partie de son Rhinocéros a été envoyée à l'académie de Pétersbourg, renferme une preuve indirecte, mais très-forte, de notre théorie audacieuse sur les déluges.

Il paraitrait d'abord assés probable, vû la violence du Cataclysme, qui, en couvrant les plages glacées de la Sibérie, des dépouilles d'animaux, nés dans une Zône embrasée du Globe, a dû nécesssairement noyer toutes les contrées intermédiaires, il paraitrait assés probable, di-je, que ce déluge de la Sibérie, fut l'effet de l'effroyable commotion donnée au Continent de 'Asie, par l'explosion de l'Archipel Volcanique de la Sonde. Dans cette hypothèse, les montagnes d'eau refoulées, auraient pris leur direction par le Golfe de Bengale, et l'inondation aurait dévasté toute la Tartarie Indépendante, dans un espace au moins de trente dégrés, depuis le Tropique du Cancer jusqu'à Crasnojar.

Cependant, comme ce grand désastre du Globe remonte, dans notre chronologie philosophique, à une époque incalculable à l'histoire, et que surement alors la Sibérie n'était point encore née, il y aurait de la témérité à rendre le transport du Rhinocéros de Pallas sur les rives du Viloüi, contemporain de l'explosion de l'Archipel de la Sonde : j'aime mieux croire que le torrent est né de quelques Isles Volcaniques voisines du Japon, qui se sera fait jour par la Tartarie Chinoise jusqu'à l'entrée de la Sibérie : la route est infiniment plus courte, la datte ne s'en perd pas dans la nuit des temps, et on peut expliquer l'émigration des Éléphants, des Buffles et des Rhinocéros vers le Cercle Polaire, sans déranger l'organisation de notre planète.

Maintenant que le Globe est dessiné; d'après des mémoires un peu moins infidelles que ceux que fournissent les Révélations, voyons quels sont les êtres qui vont animer sa surface, et arrêtons nos pinceaux sur le Peuple Primitif.

DE L'EXISTENCE
DU PEUPLE PRIMITIF,
ET DE SON UNITÉ.

Le peuple dont je vais m'occuper, a laissé partout des traces de son passage ; mais personne encore n'a tenté de l'étudier, dans le mouvement qu'il a imprimé au Monde. L'époque de son existence n'a point été marquée par les Chronologistes : les bornes mêmes de son Empire n'ont point été tracées par les géographes.

On sent assés combien il est difficile de pénétrer dans la nuit profonde qui semble couvrir le berceau des anciennes Monarchies : de rassembler des fragmens épars dans des écrivains souvent ignorés, pour en former un corps d'observations : d'interroger les législateurs des peuples, dont les annales n'existent plus : en un mot, d'écrire l'histoire du temps qui a précédé l'époque de l'histoire.

Je ne me suis point caché cette foule d'écueils qui couvrent la mer où je vais naviguer ; mais mon courage et mon zèle pour les lettres m'ont soutenu : j'ai rencontré un moment sur ma route les Tournefort, les Rudbeck, les Baër et les Bailly, qui allaient comme moi à la découverte d'une des Colonies du Monde Primitif : je me suis associé avec ces nouveaux Colomb; j'ai abordé avec eux au Continent, et ce peuple qu'ils ont deviné, j'ai osé le décrire.

Qu'on ne s'attende pas au reste que j'adopte ici quelques unes des rêveries de nos Philosophes, sur cette Colonie de la nation-mère du Caucase, encore moins que j'en fasse une critique minutieuse. J'ai rassemblé dans l'antiquité une foule de faits : j'en ai étudié l'esprit : je les ai réunis sous un seul point de vue; et ayant travaillé long temps, dans le silence des préjugés, sur le Peuple Primitif, je présente aujourd'hui aux gens de gout qui ne protègent pas les arts, mais qui les encouragent, le résultat de mes travaux.

Mes recherches impartiales m'ont conduit de temps en temps à quelques découvertes.

J'ai vû que l'esprit et l'érudition avaient ouvert jusquici la Mine du Monde Primitif; mais qu'il restait à la philosophie à l'exploiter.

Je me suis apperçu que, si jusquici on avait donné des solutions si peu satisfaisantes de ce grand problème, c'est que chaque écrivain faisait toujours son systéme avant de commencer ses recherches; alors il ne lisait, sur les anciens monuments, toujours un peu énigmatiques, que ce qu'il voulait y lire; et entraîné par son enthousiasme pour son propre ouvrage, il cherchait

cherchait moins dans les fragments des âges primitifs des preuves de la vérité, que des garants de ses paradoxes.

J'ai été plus loin; j'ai découvert que le peuple de l'Atlantide, dont le philosophisme a voulu faire de nos jours la nation mère du genre-humain, n'était qu'un faible et stérile rejetton de la grande tige des Atlantes.

Et ces Atlantes eux-mêmes, qui ont laissé des traces de leur passage sur une grande partie de nos Continents, nés à une époque très éloignée de l'avènement de la nature, ne sont qu'une Colonie de la Métropole du Caucase.

J'ai tenté de suivre ce tronc immense dans toutes ses diverses ramifications: et à mesure que je débrouillais le cahos des branches, je voyais, avec un étonnement mêlé de plaisir, que je débrouillais aussi celui de la tige; l'ordre, que je mettais dans les dynasties collatérales, éclairait la nuit profonde où étaient ensevelis les instituteurs du genre-humain.

Cette histoire des ages primitifs, de la façon dont je l'envisage, est une matière entièrement neuve ; j'en ai fait la clef de toute l'histoire ancienne. Si on accueille ce travail immense, dont je suis forcé cependant, par la nature de cet ouvrage, de n'indiquer que les résultats, je le devrai à la grandeur de mon sujet ; si je n'ai ajouté qu'une erreur de plus aux annales de l'esprit humain, je me féliciterai encore d'avoir sauvé un paradoxe à des hommes de génie, qui pourraient parcourir la même carrière que moi, et à qui il sera si aisé de me faire oublier.

Le premier travail du philosophe, qui veut s'élancer, avec la pensée, dans les régions primitives, est de chercher autour de lui s'il existe des monuments, qui attestent l'existence d'un peuple antérieur à tous ceux dont on a écrit l'histoire.

La plupart des nations qui ont brillé un moment sur la scène du Monde, ont voulu être aussi anciennes que lui : mais, avec un peu de critique, on découvre toujours des titres faux dans les archives de leur généalogie.

On en découvre surtout dans les archives de ce peuple Hébreu, qui a prétendu remonter, de filiation en filiation, jusqu'au berceau du Globe, et qui, en n'en fixant l'époque qu'à soixante siècles, a trahi la pusillanimité de son orgueil et le néant de sa Cosmogonie.

Quand on jette les yeux sur les autres habitans de la terre, on découvre que les peuples de l'Asie ont presque tous prétendu au titre d'Autochtones : les Chaldéens, les Indiens, les Perses, les Chinois et les Arabes, sont ceux qui semblent avoir le mieux motivé cet effet de la vanité nationale ; mais nous verrons dans la suite combien leurs preuves, à cet égard, ont une base fragile : malgré les nuages qu'ils ont tenté de répandre sur la première époque de leur civilisation, il est aisé de connaître que ce ne sont pas les fils de la terre qui les ont civilisés.

Le fameux amphybie Oannès, qui fut le législateur de la Chaldée, était probablement un étranger qui avait abordé, en descendant l'Euphrate, dans la plaine où on bâtit dans la suite Babylone. Le premier homme qu'un Sauvage voit venir à lui dans un canot, doit lui paraître un poisson, puisqu'il en habite l'élément. On a vu des traits de crédulité encore plus extraordinaires dans les mémoires de nos navigateurs ; les Espagnols à cheval ont passé quelque temps au Pérou pour des Centaures, et des vaisseaux Anglais ont paru des monstres animés aux Sauvages des terres Australes.

Les Chinois ont des annales suivies, pendant plus de 47 siècles, qui remontent jusqu'à Fohi : mais ce Fohi, dont ses contemporains firent un Dieu, n'était point un homme de la nation qu'il civilisa : assurément des Sauvages qui l'auraient vû naître, n'auraient pas fait son apothéose.

Ce Diemschid, qui fonda, dit on, Persépolis, 3209 ans avant notre Ere vulgaire, y apporta aussi, des pays étrangers, des mœurs, des loix et l'année Solaire des astronomes.

L'Arabie, si féconde de tous temps en poëtes, n'a eu des historiens que depuis ses Califes; cependant on peut conjecturer, par la fameuse inscription du royaume d'Yemen, dont parle le docteur Pockoke, qui était en caractères All-mosnad, et qui paraissait tracée du temps du Patriarche Joseph, que les Arabes avaient eu des étrangers pour législateurs. L'alphabet de cette langue All-mosnad n'a presque point de rapport avec l'Arabe ordinaire ; il est composé de lettres unies entre elles, et arrangées sur une ligne, qui se courbe et dessous ; c'était peut-être la langue des législateurs, et quand leur race s'est éteinte, on en a perdu l'intelligence.

Je ne parle point des Phéniciens, encore moins des Égyptiens et des Celtes : leurs titres de noblesse ne remontent pas si haut que ceux des peuples de la haute Asie

En général, on peut établir pour principe, que dès qu'on découvre dans l'histoire d'un peuple, l'époque où il se civilise, il est démontré qu'il ne doit point ses lumières à ses compatriotes.

Un Sauvage ne police point d'autres Sauvages; les Zoroastre et les Pythagore étaient nés loin des nations auxquelles ils donnèrent des loix; et si l'Inde ou la Perse avaient été leur patrie, ils ne seraient jamais devenus ni Zoroastre ni Pythagore.

Puisque les plus anciennes nations du Globe doivent leurs institutions primitives à des étrangers, il y a donc un peuple de législateurs, qui a éclairé successivement de sa philosophie bienfaisante, la plus grande partie de notre hémisphère.

Une des plus fortes preuves de l'existence de ce peuple primitif, c'est que, sur toute la partie du Globe où la lumière des arts a pénétré, on trouve les débris de la science plutôt que ses élémens. Les Babyloniens avaient une Période de 600 ans, dont ils ne faisaient aucun usage en astronomie. Les Chinois ont originairement tout connu, et, excepté la morale, ils n'ont rien perfectionné. Quand on lit, avec quelqu'attention, ce qui nous reste des commentaires du Shastah et de l'évangile de Zoroastre, on voit que toute la théologie de l'Asie n'est que la corruption d'un système de philosophie erroné, mais profond, qui a pour base l'opinion de l'ame universelle, et l'union de la matière inerte et de la force, qui la vivifie, pour opérer toutes les merveilles de la nature.

Un sçavant, dont j'analyserai bientôt les

idées, l'a dit avant moi et l'a dit de la manière la plus ingénieuse : » quand on voit
» en Europe un éléphant qui ne peut
» produire, on en conclut que ce n'est
» pas un animal indigène à nos climats;
» de même, quand on découvre, chez
» un peuple, des connaissances qui ne
» sont précédées d'aucun germe, ni
» suivies d'aucun fruit, il faut supposer
» qu'elles y ont été transplantées ».

A toutes ces fortes probabilités se réunissent des faits, qui démontrent que le Peuple Primitif n'a pas été parfaitement inconnu aux contrées, dont il a été le législateur.

Je ne parle point de la Tortue célèbre, trouvée à la Chine sous Yao, qui portait gravée sur son écaille l'histoire de tout ce qui s'était passé depuis l'origine du Monde. De pareils monuments sont trop suspects : des hommes prévenus en faveur d'un système, peuvent, après 40 siècles, lire tout pe qu'ils voudront sur l'écaille de cette tortue.

Quand on parcourt l'Edda, on est tout étonné de voir, que ce recueil de fables Septentrionales présente, sous d'autres noms, une foule d'aventures mythologiques répandues dans l'Inde, et dont les Indiens eux-mêmes n'ont pas été les inventeurs, mais les dépositaires.

Cet antique Saturne, fils d'Ouranos, frère d'Atlas, dont Sanchoniaton nous a transmis la généalogie et les aventures, n'était point un personnage originaire de l'Égypte; ses temples étaient bâtis hors de l'enceinte des villes, suivant l'usage des Égyptiens à l'égard des Dieux adoptés. Or, nous verrons que c'est dans cette famille de Saturne, que les historiens doivent chercher une des branches primitives de la tige des Atlantes.

On ne sçaurait, en général, faire un pas dans l'histoire des nations, qui ont eu la vanité de se dire Autochtones, sans se convaincre qu'elles tiennent toutes par leurs loix, par leurs traditions, par leurs usages ou par leurs lumières, à une tige principale, dont elles ne sont que les rejettons ; mais elles ont eu soin de couvrir leur origine du voile le plus épais, afin de ne point encourir, aux yeux des peuples frivoles, le reproche d'avoir commencé.

Malgré ce silence affecté des nations, il s'est trouvé de temps en temps des Sages, qui ont regardé comme une offense envers le genre humain, cette condescendance puérile pour la vanité de leur patrie : ils ont eu le courage de parler, du moins de quelques Colonies du Peuple Primitif, et de là nous est venu celui d'en écrire l'histoire.

Le plus célèbre de ces philosophes est Platon : il a fait deux fois mention, dans ses dialogues immortels, de l'Atlantide ; mais avant que d'apprécier ce monument curieux de l'histoire ancienne, il est important d'examiner s'il n'y a réellement eu qu'un Peuple Primitif, dont les institutions, tantôt pures, tantôt altérées par la vanité de ses Colonies, ont servi insensiblement de base aux codes de tous nos législateurs, et se trouvent ainsi amalgamées avec l'esprit de l'univers.

On se révolte d'abord contre l'idée, qu'un seul peuple a parcouru successivement le Globe, des contrées voisines de l'Équateur, jusqu'auprès des Pôles; qu'il a répandu partout, soit par lui-même, soit par ses Colonies, le germe de la raison et des arts, et que ce germe, développé au bout d'un intervalle immense de siècles, a produit les beaux âges de Périclès, d'Auguste et de Louis XIV.

Mais, quand on a pesé mûrement cette opinion dans les balances de la critique, on trouve que l'idée qui admettrait plusieurs peuples législateurs, serait encore plus étrange, sans être aussi aisé à concilier avec les monuments de l'histoire.

Au reste, puisque le sçavant, qui a fait de la Chine une Colonie Égyptienne, a répandu la lumière des sciences dans toutes les contrées intermédiaires : puisque le célèbre historien des Celtes a fait de cette nation la tige de la grande famille de l'univers, j'ai quelques droits de faire pousser à mon arbre primitif des racines dans les deux mondes ; l'historien des Égyptiens et des Celtes ne doit pas avoir au fond plus de privilège que l'historien de l'homme de la nature.

Il y a, entre les Grecs et leurs instituteurs, quatre peuples intermédiaires, qui ont transmis le dépôt de la science ; presque dans son intégrité : ce sont les Chaldéens, les Chinois, les Indiens et les Égyptiens. Si ces peuples ont à peu près le même caractère : s'ils ont adopté les mêmes fables mythologiques ; s'il résulte de leur manière de calculer les temps, les mêmes Sinchronismes, le problème est résolu, et il n'y a pas deux peuples législateurs.

D'abord l'Égyptien et les trois nations Asiatiques se ressemblent par le caractères je vois partout des ames sans énergie, maîtrisées par des corps sans vigueur; par-tout on y respire l'air dévorant du despotisme; par-tout les trônes mobiles y sont la proie du premier conquérant qui se présente, ou du premier sujet qui lève l'étendard de la rébellion.

Je trouve, chez ces quatre peuples, les mêmes superstitions à côté des idées sublimes qui devaient les empêcher de naître ; le même mélange de l'histoire avec la théogonie, le même usage de la double doctrine, les mêmes institutions et les mêmes hyéroglyphes.

Tous ces peuples ont conservé la mémoire d'un grand Cataclysme, qui dégrada, à diverses époques, la surface du Globe.

J'ai déjà parlé de la fameuse victoire d'Osiris sur Typhon, qui désignait, en Egypte, la terre desséchée après l'inondation générale, et développant ses principes générateurs. Nous avons vû le Xixouthros de la Chaldée et le Peyrun de la Chine se sauver chacun de leur déluge, dans une espèce de pyrogue ; pour les Indiens, ils disent que la mer couvrit toute la terre, il y a plus de vingt mille ans; qu'une seule montagne vers le Nord s'éleva au dessus des flots, et que c'est sur son sommet que se retirèrent l'homme, et les sept femmes qui ont reproduit le genre-humain.

Il est d'usage immémorial, dans toute l'Asie, de donner une foule de têtes et de bras aux dieux qu'on adore, comme si on voulait désigner par là, à un vulgaire superstitieux, les actes multipliés de son intelligence et de son pouvoir; tel est le Foë de la Chine, le La du Tibet, l'Amida du Japon et le Sommonocodom des Siamois toutes ces branches uniformes de l'Antropomorphisme dérivent d'un même corps de doctrine qui a dégénéré.

Le Butta des Indiens, le Tauth des Egyptiens, et même le Mercure Trismegiste des Grecs, désignent le même personnage, qui apporta le dépôt des sciences dans le pays où il fut divinisé.

Le sçavant auteur de l'histoire de l'Astronomie, a trouvé enfin une foule de Sinchronismes, qui résultent des méthodes pour calculer les temps, employées par ces peuples intermédiaires entre nous et la Colonie des Atlantes.

Et comment les chronologistes de l'Asie ne seraient ils pas parvenus aux mêmes résultats, puisqu'ils faisaient usage des mêmes méthodes, sur-tout de la fameuse Période Lunisolaire de 19 ans, et de la grande Année Astronomique de 600 ans ?

Un fait non moins extraordinaire peut-être, c'est l'accord de tous les Orientaux, dans la mesure qu'ils ont donnée de la circonférence de la terre ; le Dégré qui en résulte ne diffère que de six toises, de celui qui a été mesuré par l'académie des sciences ; sous les auspices de Louis XIV.

L'étonnement redouble encore, quand on découvre que toutes les mesures employées par les anciens, pour déterminer cette circonférence, dérivent d'une mesure uniforme, fondée sur la nature ; quand en évaluant la Parasange Persanne, le Schène Égyptien, le Coss Indien, le Stade Grec et même le Mille des Romains, on y retrouve toujours la grande Coudée de 20 pouces et demi, conservée sur le Nilometre du Caire, Coudée qui n'est point dans la proportion de la stature humaine, telle qu'elle existe aujourd'hui, et qui suppose un peuple de géants, instituteur d'une foule de peuples dégénérés.

La division du Zodiaque en douze Signes était connue aussi généralement dans tout l'Orient l'Orient, et cette connaissance paraît avoir précédé notre Ere vulgaire de 4600 ans; ainsi voilà un intervalle de plus de douze siècles, avant l'existence politique des Chinois, des Assyriens, des Indiens et des plus anciens peuples de l'Asie, et cet intervalle peut bien avoir été rempli par un peuple d'astronomes.

Je ne connais dans l'histoire des hommes, comme dans celle de la nature, que les faits qui puissent servir de base à la croyance : or que de faits ne viens-je pas de rassembler sur le peuple primitif! quelle masse de lumière ne résulte pas de cette foule de rayons réunis dans le même foyer!

Réduisons à quelques branches, tous les rameaux isolés de ce système.

Il y a des monuments astronomiques, de la plus haute antiquité, répandus sur le Globe. Ces traces sçavantes, empreintes par tout, annoncent un peuple éclairé, comme les figures de géométrie empreintes sur le sable;

annoncèrent à un ancien, que l'Isle où il abordait était habitée par des hommes.

Les nations chez qui on a trouvé le dépôt de toutes ces connaissances, n'en faisaient aucun usage : ainsi elles ne les avaient point inventées ; assurément, si la révolution des Comètes avait été découverte à Babylone, si le vrai Système Solaire avait été rencontré dans l'Inde, ces grandes vérités ne seraient pas restées stériles en Asie, pendant plus de quarante siècles ; et Babylone ou Bénarès auraient eu leurs Cassini et leur Newton, avant que l'Europe eût fait un pas en physique.

Ces connaissances étaient uniformes chez tous les peuples de l'Asie et de l'Afrique, qui avaient la démence de se croire Indigènes : ainsi il faut les rapporter à un seul peuple primitif, qui a éclairé successivement la plus grande partie du Globe par ses monumens, par ses Colonies et par ses ouvrages.

FAIBLE AUTORITÉ

DES ÉCRITS DE LA PHILOSOPHIE MODERNE,
SUR LE PEUPLE PRIMITIF.

Lorsque je jettai, il y a vingt ans, les bases de mes longues et pénibles recherches sur la tige primordiale du genre-humain, ne rencontrant, sur les monuments physiques du Globe, que quelques lignes à demi effacées par le temps, je saisis le premier nom qui s'offrit, d'une manière lisible, à mes regards, et j'appellai mon ouvrage sur le développement de la nature organisée, HISTOIRE DES ATLANTES.

Ce titre induisit en erreur quelques sophistes : jugeant mon livre par le frontispice, sans méditer ce qui était fait, et sans pressentir ce qu'il en restait à faire, ils se persuadèrent que mon plan n'était que de mettre sur la scène, les héros de l'Atlantide de Platon, rajeunis vainement depuis quelques années, sous la plume des Théologiens, des voyageurs et des poëtes-philosophes.

Assurément, si je n'avais eu que des romans ingénieux à confirmer ou à combattre, je n'aurais pas fait servir mes conjectures sur les Atlantes de préliminaires à une histoire raisonnée du genre-humain.

Mes recherches sur le Monde Primitif, étaient faites, long-temps avant que l'Europe s'occupât des Atlantes. Ces recherches sont immenses, comme il est aisé de s'en appercevoir; et si j'en détachais la petite épisode qu'ont fait naître les romans modernes sur l'Isle de Platon, je ne détacherais peut-être de ce livre que cinquante pages.

Si donc, dans les éditions précédentes de ce Monde Primitif, j'ai adopté le titre un peu vague d'Histoire des Atlantes, c'est qu'ignorant le nom de la Métropole du genre-humain, je m'étais cru obligé de la faire connaitre sous celui d'une de ses Colonies.

Cet aveu plein de franchise de ce qu'on peut appeller mes erreurs, me fera pardonner, si je m'arrête un moment sur celles des philosophes modernes qui, en dessinant mal l'Isle de Platon, ont cru pouvoir insérer dans leurs Mappemondes, la patrie des hommes primitifs.

Un grand nombre de sçavans, même distingués, ont franchi les mers, sur la foi du disciple de Socrate, pour aller à la recherche de ce berceau prétendu du genre humain, qu'ils appellaient l'Atlantide : mais en lisant attentivement les Journaux de leur navigation, je me suis apperçu qu'aucun n'a eu le bonheur d'aborder à l'Isle désirée, parce que personne n'a pris la peine de se mettre dans la route.

Tous sont partis d'un systéme qu'ils avaient adopté, pour commenter Platon, et ils auraient dû étudier d'abord Platon et ensuite l'architecture du Globe, pour voir le néant de leurs systèmes.

Les uns ont franchi les Tropiques, et ont pris les écueils d'une mer embrasée pour la patrie du Peuple primitif; d'autres se sont approchés du Pôle, et ont pris pour la terre qu'ils cherchaient, les brumes de ces Parages.

Parmi cette foule d'écrivains qui se sont égarés dans leurs recherches, je ne parlerai que de ceux dont les conjectures ont fait époque : encore je ne le fais qu'avec répugnance : je voudrais ne point perdre à combattre des vaisseaux ennemis, un temps que je pourrais employer à reconnaitre les côtes de mes Terres Australes.

Un sçavant, religieux, (ce qui n'est point incompatible), Charles Baër, à force d'étudier la Bible et Platon, a cru les concilier, en plaçant l'Atlantide dans la Palestine; mais cette opinion, malgré le faste des recherches et l'esprit qui la soutient, fait plus d'honneur à la piété de son auteur qu'à sa logique.

La Palestine n'est point une Isle, et comme cette contrée ne renferme point, dans son sein, de montagnes assés élevées pour dominer sur la surface de l'Océan avant sa retraite, il est probable qu'elle ne l'a jamais été.

Il ne peut y avoir qu'un rapport arbitraire de mots entre la généalogie des enfans de Jacob, telle qu'elle est dans le Pentateuque, et celle des Atlantes, telle qu'on la lit dans Platon et dans Diodore.

Chercher à concilier la mythologie de la Grèce, de l'Egypte et de la Phénicie, avec les annales Juives, c'est peut être dégrader à la fois Moyse et Ovide, le Pentateuque et les Métamorphoses.

Enfin, la Palestine n'a point été submergée, comme le dit Platon de son Atlantide. Jérusalem est encore aujourd'hui sous la domination Musulmane, et la postérité d'Abraham se flatte bien d'en faire un jour la capitale des deux mondes.

Tournefort suivit, au commencement de ce siècle, une autre route pour rencontrer Platon. Il passa devant les monts Calpé et Abyla, qui bordent le détroit de Gibraltar, et dont on a fait des Colonnes d'Hercule; il se rendit de-là dans cette partie de l'Océan Occidental, qui porte sur les Cartes le nom de mer Atlantique, et crut trouver dans le petit Archipel des Canaries, les débris d'un ancien Continent submergé. Il expliqua même cette submersion par la rupture de l'ancien Isthme de Gibraltar, causée par la violence des vagues de la Méditerrannée, qui se réunirent dès-lors à celles de l'Océan. Cette hypothèse est d'une sage simplicité, qui frappe au premier coup-d'œil : il est facheux qu'elle ne soutienne pas le sang-froid de l'examen.

Platon, comme nous le verrons dans la suite, en rapportant les deux fragmens qu'il a laissés sur l'Atlantide, a supposé bien des conditions préliminaires, pour arriver à la solution de son problème.

Il a dit que son Isle était située vis-à-vis les Colonnes d'Hercule.

Qu'elle formait un parallélogramme régulier, de l'étendue de la Lybie et de l'Asie (Mineure) réunies, c'est-à-dire, d'environ trois mille stades de long sur deux mille de large.

Que ses souverains régnaient en Afrique sur toutes les contrées limitrophes de la Lybie, jusqu'en Egypte, et du côté de l'Europe jusqu'à l'Etrurie.

Que la mer Atlantique était guéable dans les temps primitifs, et qu'elle est remplie de bas fonds, depuis que l'Atlantide a fait naufrage.

Il s'en faut bien qu'on retrouve le texte original de Platon, dans les sçavants commentaires de Tournefort.

D'abord, les navigateurs qui parcourent

si souvent les Parages décrits par le voyageur naturaliste, n'ont jamais trouvé, à la hauteur des Canaries, les bas-fonds que le philosophe d'Athènes substitue à son Isle submergée.

Ensuite, l'Archipel des Canaries est à une trop prodigieuse distance de celui de la Grèce, pour que jamais les Athéniens de Platon, ayent pu avoir des rapports de guerre ou de commerce avec les Atlantes de Tournefort : j'aimerais autant croire que Venise a été autrefois rivale de l'Islande, et que Marseille a disputé l'empire des mers aux Sauvages du Groënland.

Le problème sur l'Atlantide, la Colonie la plus connue du Peuple Primitif, ne se résoudra jamais, que lorsqu'on placera cette Isle à portée soit de la Lybie, soit de l'Italie, puisque, suivant Platon, ses Rois y ont régné.

La manière ingénieuse dont Tournefort explique la submersion de son Atlantide, est opposée essentiellement à un fait reconnu de tous les physiciens : c'est que l'Océan coule dans la Méditerranée, et non la Méditerranée dans l'Océan. Ainsi ce n'est pas de l'Orient qu'est venu le torrent impétueux, qui a rompu l'ancien Isthme de Gibraltar, et si l'on n'admet qu'une pareille cause de destruction, la grande Isle de Tournefort ne devait jamais faire naufrage.

L'homme de lettres très-estimable qui nous a donné en 1791, une histoire abrégée de la Mer du Sud, s'est constitué aussi un des Argonautes modernes, pour la recherche de l'Atlantide : convaincu, d'après mes ouvrages, qu'il analyse, que Tournefort avait pris les brumes de son imagination pour l'Isle du disciple de Socrate, il s'est élevé hardiment dans la haute mer; et il a écrit que l'Atlantide, avant son naufrage, avait pu occuper l'espace immense qui sépare l'Europe et l'Afrique du Nouveau Monde : que les Antilles sont peut-être ses débris, et que le Continent de l'Amérique, doit en grande partie sa naissance à ce Cataclysme, parce que les eaux ne purent submerger une contrée immense, sans en abandonner une autre qui resta à découvert. Ce paradoxe est très-ingénieux, et si le fragment de Platon, qu'il est destiné à expliquer, n'existait pas, on pourrait adopter cette demi-lueur philosophique, du moins jusqu'à l'avènement de la lumière.

Malheureusement, toutes les machines de guerre qui ont foudroyé l'hypothèse de Tournefort, battent en ruines celle de l'historien de la Mer du Sud. Il est impossible, vû l'intervalle immense de mers qui séparait la nouvelle Atlantide, du Péloponèse, qu'il y ait eu des rapports entre les Grecs et la Colonie du Monde Primitif; d'ailleurs une Isle de trois mille stades de long, sur deux mille de large, ou de cent cinquante lieues dans une de ses dimensions, sur cent dans l'autre, ne serait qu'un point dans l'effroyable espace de l'Océan qui sépare nos deux mondes : enfin les Antilles ne sont point les débris d'un ancien Continent submergé, mais les premiers linéaments d'un Continent nouveau, qui s'élève graduellement au dessus des mers, dont ses rivages sont baignés, pour réunir un jour les deux Amériques, de l'embouchure de l'Orénoque à la Floride.

Le sçavant étranger, qui a fait tant de volumes pour nous donner quelques-uns de ses doutes sur la population du Nouveau-Monde, a été chercher le Peuple Primitif d Platon, vers les mêmes parages que l'historien de la mer du Sud : il s'est embarqué sur le vaisseau de Colomb, et en abordant avec lui à Saint Domingue, il s'est cru dans l'Empire des Atlantes.

Suivant cet écrivain à paradoxes, l'Atlantide était dans la mer du Nord, et on pourrait se rendre de cette Isle, avec une égale facilité, soit aux Antilles, soit aux Terres Australes.

Il ne faut point employer de machines de guerre pour détruire une tour aërienne. Les sçavans conviennent que les anciens, malgré les Périples de leurs Hannon, n'ont jamais connu l'Amérique. Le philosophe va plus loin, et il soutient que cette terre, neuve encore, n'existait pas, du moins comme Continent, vers l'époque citée dans le Timée. Quant aux relations qui pouvaient être entre Saint-Domingue et Athènes, elles sont aussi impossibles, qu'entre les habitants des deux Pôles, si les Pôles sont habités. Laissons notre sçavant peupler comme il le voudra le Nouveau-Monde, pourvû qu'il n'y amène pas de force notre Colonie du Monde Primitif.

L'apôtre le plus fort de l'Atlantide Américaine, est assurément le comte Carli, parce qu'il joint d'ordinaire une grande érudition à une sage dialectique : mais son voyage dans la mer de Platon n'a pas été moins infructueux : il suppose que la grande Isle existait il y a plus de six mille ans, et il en projette la Carte, en partant des Isles d'Alvarès et de Tristan d'Acunha, de manière qu'elle renfermait, dans son étonnante enceinte, les Picos, l'Archipel de Martin de Vaz, Sainte Hélène, la Grande Ascension, Saint Mathieu, les Canaries et les Açores.

Le comte de Carli ne veut en imposer à personne sur l'audace de son systéme : car il évalue lui-même les dimensions de son Atlantide, et il lui fait embrasser quatre-vingt Dégrés de Latitude, moitié Australe, moitié Septentrionale ; ce qui suppose un espace de 4800 milles marines, à soixante par Dégré, et ferait l'Isle de Platon plus grande que l'Afrique entière et une partie de l'Europe prises ensemble ; toutes ces rêveries, quelqu'ingénieuses qu'elles soient, semblent du monde de Micromégas, et la philosophie ne doit perdre son temps, ni à les défendre, ni à les réfuter.

En général, les propagateurs de l'Atlantide Américaine n'ont point fait secte ; il n'en est pas de même du médecin d'Upsal Olaüs Rudbeck, qui compila péniblement dans le siècle dernier quatre volumes in-folio pour prouver que la Suède où il était né, était l'Atlantide de Platon. On lui sçut gré dans le Nord d'y avoir fait naître tous les dieux de la Mythologie et tous les héros de l'Asie et de l'Europe ; Upsal fut flattée de se trouver dans le nouveau système, la capitale des anciens rois Atlantes, et il est probable que les Suédois auraient érigé une statue à son auteur, s'ils n'avaient pas craint que le despote Charles XII, qui n'aimait que les systêmes militaires, ne l'eût fait renverser.

L'Atlantide de Rubeck s'est soutenue long-temps dans le monde littéraire, comme tous les gros livres qu'on admire, et qu'on ne ne lit point. Mais dès qu'il a été permis à des philosophes d'apprécier ce monument de patience, le voile est tombé. On a trouvé plus de lumières dans le simple fragment de Platon, que dans les quatre volumes in-folio du commentaire Suédois; et on est retourné à la recherche de l'Atlantide.

Remercions cependant Olaus Rudbeck d'avoir été le précurseur du philosophe Français, qui a tenté de nos jours de convertir sur l'Atlantide, l'auteur de la Henriade; l'énorme compilation du Suédois a été le germe des charmantes LETTRES SUR L'ORIGINE DES SCIENCES ET SUR L'ATLANTIDE. C'est dans ce cahos de paradoxes et de traits d'érudition indigeste, que se rencontrent les idées primitives sur la population du Nord, et sur l'origine Septentrionale des nations de l'Asie et de l'Europe. Il est vrai que par la manière dont l'auteur des lettres a embelli les idées de Rudbeck, il est censé les avoir créées : c'est ainsi que Fontenelle avait traduit Van-dale. Tâchons de faire connaître plus en détail le Van-dale des Atlantes, en analysant l'ouvrage du nouveau Fontenelle.

Mais, avant d'examiner le système moderne, qui place au Pôle, la métropole du Monde Primitif, il faut dire un mot de celui du grand-homme, avec lequel l'apôtre du Nord se mit en correspondance.

DE L'OPINION D'UN GRAND HOMME;
SUR L'IDENTITÉ DES BRAMES DE L'INDE
AVEC LE PEUPLE PRIMITIF.

Lorsque le bruit se fut répandu dans l'Europe savante, qu'on avait découvert des traces du Peuple Primitif, dans les Terres Australes de l'érudition, un grand homme qui avait la noble ambition de tout connaître, comme Alexandre avait celle de tout subjuguer, prétendit qu'un peuple, dont il n'avait pas deviné l'origine, n'existait pas : il écrivit contre la Colonie des Atlantes, établie en Tartarie; et compas & compas à la main, peu s'en fallut qu'il ne réussît à reléguer cette nation au pair avec les Vampires de Dom Calmet et la Dent d'or Silésienne de Fontenelle.

Des épigrammes ne sont pas des autorités en histoire : aussi je ne tirerai des lettres de Voltaire, que les raisons, qui peuvent faire valoir son système; au reste, ces raisons ainsi isolées sont peut être encore assés fortes pour séduire, sans l'appui des épigrammes.

» S'il y a eu un Peuple Primitif qui a éclairé la terre, c'est dans les climats fortunés de l'Inde, que l'historien doit le chercher. Ces Gangarides célèbres dans l'antiquité, à qui la nature prodiguait tous les biens destinés à leur faire chérir l'existence, devaient avoir bien plus de loisir sans-doute pour cultiver les sciences, que des Tartares Kalkas, ou des Tartares Usbeks. Benarès paraît les débris de cet ancien Empire des Gangarides : c'est la plus ancienne ville du monde, et la patrie de ces Brames, qui, au milieu des secousses de l'Asie, cultivent en paix la philosophie, depuis plus de cinquante siècles.

On fait des Scythes un peuple instituteur du Globe ; mais il n'est jamais venu de la

Scythie que des tigres qui ont mangé nos agneaux.

C'est une idée très ingénieuse sans doute, que d'avoir avancé, que les observations astronomiques n'ont pu être faites que dans des contrées, où le plus long jour est de seize heures et le plus court de huit : mais en partant de ce principe, on peut chercher le peuple instituteur de nos Continents parmi les Indiens de Cachemire, encore mieux que parmi les hordes ambulantes des Tartares.

En général, le pays des belles nuits est le seul favorable au progrès de l'astronomie; or, le ciel de la Tartarie est presque toujours nébuleux, et le mont Caucase n'est pas plus fait que le mont Jura pour former des Halley et des Newton.

Ne cherchons point un Peuple Primitif dans les espaces imaginaires, quand nous avons sous nos yeux les Brames, qui cultivent les mathématiques depuis plus de

6000 ans, qui ont été les instituteurs de la Grèce, et par elle de l'Europe entière.

Ces Brames aujourd'hui peuvent bien avoir peu de science et encore moins de génie; mais c'est que probablement ils ont dégénéré, sous la tyrannie des descendans de Tamerlan. Voyez les Grecs sous les Sultans et les Romains sous les Papes.

Zoroastre et Pythagore auraient-ils fait autrefois des voyages aussi longs, pour consulter les Brames, s'ils n'avaient pas eu la réputation d'être les plus éclairés des hommes?

La Mythologie des Brames n'a-t-elle pas donné naissance à celle d'Homère et d'Ovide? Les trois Vice-dieux, Brama, Vitsnou et Rontren, le formateur, le restaurateur et l'exterminateur, ne sont ils pas l'origine des trois Parques?

CLOTHO COLUM RETINET, LACHESIS NET, ATROPOS OCCAT?

La guerre de Mosaisor et des Anges rébelles contre l'Éternel, n'est-elle pas évidemment le modèle de la guerre de Briarée et des géans contre Jupiter?

N'est-il donc pas à croire, que ces inventeurs avaient aussi inventé l'astronomie dans leur beau climat, puisqu'ils avaient bien plus besoin de cette astronomie pour régler leur travaux et leurs fêtes, qu'ils n'avaient besoin de fables pour gouverner les hommes?

Si c'était une nation étrangère qui eut enseigné l'Inde, ne resterait-il pas à Bénarès quelques traces de cet ancien évènement? Or, les philosophes Dow et Hollwell, qui ont appris si péniblement, dans cette ville Indienne, la langue sacrée des Brames n'en parlent point. Ce sera toujours un étrange paradoxe, qu'un peuple ait rendu le monde sçavant et philosophe, et que le monde en ait perdu la mémoire.

Ainsi le philosophe de Ferney plaidait la cause des philosophes de Bénarès; le sçavant qui avait retrouvé les Atlantes, écrivit deux volumes pour le ramener : mais on ne convertit point, à 84 ans, celui qui a passé sa vie à faire des prosélytes, et le grand-homme mourut dans son impénitence.

Il n'en est pas de l'opinion du créateur de Mahomet et de la Henriade, comme des autres paradoxes sur l'Atlantide, qu'on réfute assés en en faisant l'analyse; celle-ci tient sinon par le tronc, du moins par les branches, à des principes majeurs, qui rendent inébranlable notre théorie du Monde Primitif.

Il est certain que les débris de la science antique se sont conservés bien moins dans le Nord qu'à Benarès, patrie des Brames et métropole du vieil Empire des Gangarides Toutes les traditions Orientales attestent que cette partie de l'Asie était habitée par un peuple Autochtone, et qu'elle avait eu un siècle d'Alexandre, plus sieurs millions d'années avant que l'Europe fut assés civilisée pour définir les lumières.

Seulement le philosophe de Ferney a tort de faire de ses Gangarides les Patriarches de la terre, de croire que les plaines riantes de l'Inde ont été le berceau du genre-humain, plutôt que les Chaînes des montagnes primordiales.

Bénarès est sans doute la première ville connue par les monuments de l'Asie ; mais combien de siècles se sont écoulés entre le berceau de l'homme et celui de l'histoire.

En un mot, les Braines peuvent être issus d'une des plus antiques colonies qui se soient propagées sur le Globe ; mais le peuple qui se fixa le premier dans l'Indostan, n'en était point originaire, parceque le dogme de l'émersion successive de notre Planette, du sein des mers, est un des dogmes fondamentaux du symbole de la physique, et que d'après les loix éternelles de l'équilibre des fluides, les plaines ne se découvrent pas avant les montagnes.

La métropole du genre-humain est manifestement le dernier sommet du massif le plus gigantesque des montagnes primordiales, et, à ce titre, une philosophie courageuse ne peut refuser cet honneur à la Chaîne mère du Caucase.

C'est un paralogisme dans Voltaire, de dire que le mont Caucase n'est pas plus fait que le mont Jura pour former des Halley et des Newton. Ce n'est pas lorsque toutes les montagnes primitives du Globe ont abaissé leurs cimes, lorsque la terre végétale qui les enveloppait, dispersée par l'effet des vents et des frimats, ne laisse plus voir que le squelette hideux de leurs roches de Granit, lorsque la patrie des premiers hommes n'est plus que l'azile solitaire des Condors et des Vautours, qu'on pourrait y chercher les créateurs des arts et de l'astronomie. Le temps, en marchant, en accumulant les siècles autour de lui, a fait disparaître tous les vestiges de l'ancienne civilisation. Il est aussi absurde de nier que le Caucase a eu autrefois des hommes de génie sur ses éminences, parce qu'aujourd'hui la nature y expire sous ses neiges amoncelées, que de jetter des doutes sur l'existence de *Lycurgue* ou d'*Annibal*, parce que le bourg de Misithra a remplacé la ville de Sparte, et qu'on dispute où sont les ruines de l'ancienne Carthage.

ÉCLAIRCISSEMENTS ET NOTES.

ÉCLAIRCISSEMENTS ET NOTES.

Suplém. au Tome IV., Page 308 à 319.
(Du séjour antérieur des mers, sur les Montagnes Secondaires.)

Citation de Paul Lucas. — *Voyages*, tome 3, page 326.

Citation de Shaw. — *Voyages*, pass. surtout tome 2, page 70 et 84.

Citation de l'académicien le Gentil. — *Voyages dans les mers de l'Inde*, tome 2, page 24.

Citation du baron de Tott. — *Mémoires sur les Turcs et les Tartares*, tome 2, page 136.

Citation de Don Ulloa. — *Mémoires philosophiques, historiques et physiques*, tome 2, page 356 et 378.

Sur la montagne d'Oddewalla. — Busching, *géograph.* tome 1, page 583.

Sur les coquilles des montagnes de France. —

Tome V.

Voyés, *Mémoires de physique et d'histoire naturelle*, de Guettard, tome III, page 10, 11 et 14.

SUR CELLES D'ITALIE. — *Voyages de Misson*, tome 3, page 109. — Mémoires des sçavants étrangers, dans l'*académie des sciences*, tome 5, page 389. — Ferber, *lettres sur la minéralogie*, page 306. —, *Transactions philosophiques*, année 1667, N°. 27. — Mémoires de l'Institut de Bologne, dans la *collection académique*, partie étrangère, tome X, page 221, 228 et 362.

SUR CELLES D'ALLEMAGNE. — *Lettres physiques et morales sur l'histoire de la terre*, tome IV, page 117, 373, 544 et 555.

Tome V., Page 1 à 19.

(DU SÉJOUR PRIMITIF DE L'OCÉAN ; SUR LES MONTAGNES PRIMORDIALES.)

CITATION DE SENA. — *Observationibus constat, in apicibus altissimorum montium, nunquam reperiri petrificata, et vel rarisimè in fastigiis, minus altorum.* Voyés *Thesaur. rer. natural.*, tome IV, page 125.

CITATION D'ALONSO BARBA. — *Métallurgie*, lib 1 à chap. 17.

CITATION DE DOM ULLOA. — *Mémoires* philosophiques et politiques, tome I. page 364.

CITATION DE L'ABBÉ MOLINA. — *Histoire naturelle du Chili*, page 58.

ANECDOTE DE DOM ULLOA. — *Voyages dans les mers de l'Inde*, de l'académicien le Gentil, tome I. page 75.

CITATION DE GRUNER. — *Description des glaciers de Suisse*, part. 3. sect. 3.

CITATION DU PROFESSEUR DE SAUSSURE. — *Voyage dans les Alpes*, tome 3, page 263 et 264 : il dit que la cime de la montagne, où était le banc de grès et de cailloux roulés, s'élève à 1396 toises (8376 pieds) au dessus de la mer; ibid, page 267. Voyés aussi le même ouvrage, tome I. page 222, 234 et 249.

L'auteur de la *nouvelle description des vallées de glace* est le chantre de la cathédrale de Genève, Bourrit ; le texte dont il s'agit ici est au tome 2, page 222.

SUR LES COQUILLAGES ET PÉTRIFICATIONS DE LA BASSE SUISSE. — *Voyages dans les Alpes*, d'Hor. Ben. de Saussure, tome 2, page 105 et 171, — *Nouvelle description des vallées de glaces* de Bourrit, tome 2, page 136, et tome I, page 14.

Les deux coquillages Bivalves inconnus, et trouvés au mont Salève, sont décrits et gravés au *voyage dans les Alpes*, du professeur de Saussure, tome I, page 260.

SCHEUCHZER est cité trois fois par rapport aux coquillages des Alpes. — *Mémoires de l'académie des sciences*, année 1712. — *Herbarium Diluvianum*, page 9 et 10, et *Itinerar. Alpin*; tome I, page 28.

SUR LA PYRAMIDE DU MÔLE. — *Voyages dans les Alpes*, du professeur de Saussure, tome I, page 509.

SUR LES MONTAGNES D'APPENZEL. — *Nouvelle descript. des vallées de glace*, de Bourrit, tome 2, page 123, et sur les hauteurs du Randberg, le même ouvrage, page 240.

SUR LA PYRAMIDE DE SALLENCHE. — *Voyage dans les Alpes*, du professeur de Saussure, tome 2, page 187.

L'anecdote du commentateur de Dom Ulloa se lit, *mémoires philosophiques et historiques*, tome 2, page 356.

Celle du navire trouvé dans une mine du canton de Berne, se rencontre dans les *Commentaires* de Sabinus, sur les métamorphoses d'Ovide: voyez aussi le beau *voyage pittoresque de la Suisse*, tome I, page 118.

Page 19 à 36.

(DU PARADOXE DE VOLTAIRE, SUR LES COQUILLAGES.)

Voltaire n'a jamais étudié la théorie du monde: vos recherches, en ce genre, auraient consumé la moitié de sa brillante carrière : il a mieux aimé faire la Henriade, Mahomet et le siècle de Louis XIV, que d'imiter Leibnitz et Descartes, et de créer des mondes nouveaux avec la parole ; cependant, obligé de parler de Cosmogonie, il s'est livré à son imagination qui était très-belle, et il a pris le parti, pour couvrir son défaut de connaissances, de détruire tout ce qui s'était fait avant lui, sans rien bâtir à la place. Ce plan était très-aisé à remplir : car, par ce moyen, on refute par quelques pages de plaisanteries des systèmes profonds, qui ne peuvent être développés que dans d'énormes volumes.

Voici quelques-unes des plaisanteries qui tenaient lieu à Voltaire de raisons. Dans un ouvrage de la nature de celui-ci, les transcrire, c'est assés leur répondre.

» Je croirai plus aisément que les montagnes ont
» fait naître les mers, que je ne penserai que les
» mers ont les montagnes pour filles. *Œuvres
de Voltaire*, tome 34, page 516.

» Quelqu'un a dit qu'il aimerait autant croire
» le marbre composé de plumes d'Autruche que
» de croire le Porphyre composé de pointes d'Our-
» sin, et ce quelqu'un-là, si je ne me trompe,
» avait grande raison, tome 37, page 142.

» L'Océan une fois formé, une fois placé, ne
» peut pas plus quitter la moitié du Globe pour
» se jetter sur l'autre, qu'une pierre ne peut quitter
» la terre pour aller dans la lune, tome 39, page 417.

» On ne rencontre pas des fragmens de coquil-
» lages sur la cime des montagnes . . . Il n'y en
» a pas une seule sur les hautes Chaînes, depuis
» la Sierra-Moréna, jusqu'à la dernière cime de
» l'Appenin : j'en ai fait chercher sur le mont
» Saint-Gothard, sur le Saint-Bernard, dans les
» montagnes de la Tarentaise, on n'en a pas dé-
» couvert . . . Un seul physicien m'a écrit qu'il
» a trouvé une écaille d'huitre pétrifiée vers le
» mont Cénis . . . Mais est-ce une idée si roma-
» nesque d'expliquer cette découverte par cette
» foule innombrable de pelerins, qui partaient à

» pied de Saint Jacques en Galice, et de toutes les
» provinces, pour aller à Rome par le mont Cénis,
» chargés de coquilles à leurs bonnets? il en
» venait de Syrie, d'Égypte, de Grèce, comme de
» Pologne et d'Autriche... En un mot, une
» huître près du mont-Cénis ne prouve pas que
» l'Océan Indien ait enveloppé toutes les terres
» de notre hémisphère, tome 3?, page 141.
» La plus grand appui de ce système, est l'his-
» torien de l'homme, du monde entier, et du ca-
» binet d'un grand Roi, (Buffon): il a pris sous
» sa protection les montagnes formées par les
» courants et par le flux des mers : on l'a comparé
» à un grand-seigneur, qui élève dans ses terres
» un orphelin abandonné... Mais le public phi-
» losophe n'a pas adopté cet enfant, et il est très-
» difficile à élever, tome 34, page 517 et 29,
» page 417.

L'auteur de la Henriade me répétait, en 1777, toutes ces plaisanteries, et il voyait avec peine qu'elles ne faisaient que glisser sur ma raison ; enfin il crut terminer la lutte par un coup de massue, et il me montra une lettre d'un physicien de Chinon, qui, suivant lui, avait plus de sens que les Descartes de l'Académie des Sciences et de la Société Royale. Je la transcris ici, en y corrigeant seulement les fautes d'ortographe.

« Un nouveau phénomène, Monsieur, doit vous
» être annoncé, et j'ai cru en devoir faire part
» au plus grand philosophe que le ciel ait créé,
» au plus universellement sçavant, à vous, Mon-
» sieur, qui avés si bien discuté le miracle qui
» s'opère dans la pièce d'eau de mon chateau des
» Places, d'après le mémoire imprimé, il y a qua-
» torze ans, où j'ai expliqué, qu'après en avoir
» enlevé un banc de pierre, qui s'y était formé sur
» la superficie des fonds, et cela pour la seconde
» fois; où il s'y voyait, tant au dessus que dedans,
» quantité de coquilles dont j'ai donné l'analyse,
» il s'était trouvé dessous, une vase molle gluti-
» neuse, remplie de germes des mêmes diffé-
» rentes coquilles, où elles étaient alors imper-
» ceptibles aux yeux, et où on ne les apperce-
» vait qu'à l'aide du Microscope, dans toutes leurs
» diverses espèces : ce que je faisais voir à tous
» ceux qui le voulaient, dans ces temps où j'écri-
» vais : et ce qui a été vû par un si grand nombre
» de personnes de tout sexe et de tout état, que
» ces faits ne peuvent pas être mis en contradic-
» tion : tout ce pays attesterait qu'ils sont vrais.

» Aujourd'hui, Monsieur, cette vase n'est plus
» vase : la repétrification a recommencé : ce que
» je n'ai été à même d'examiner que dans l'au-
» tomne dernier... Parceque mon étang, de-
» puis bien des années, n'avait point été à sec. On
» s'est promené pendant trois mois sur cette nou-
» velle concrétion pierreuse ou pavé de roc. J'en
» conserve des morceaux que j'en ai fait détacher,
» où se trouvent toutes les coquilles : mais re-
» marqués, s'il vous plait, qu'elles y sont si déli-
» cates, qu'on peut les comparer à des migna-
» tures, extrémement bien conformées dans leur
» petitesse, et légéres comme de la plume, blanches
» à éblouir, et que la matière lapidifique, qui
« les enveloppe, est d'un blanc bleuâtre : elle est
» si tendre, que, pour peu qu'on la presse, elle
» se réduit en sable fin : et les petites coquilles
» s'en détachent, vuides et très-propres : elles
» s'envolent à la simple respiration, en les consi-
» dérant : plusieurs morceaux se sont fendus à l'air :
» j'en conserve d'entiers, et de ceux en poussière,
» avec de ces petites coquilles ; j'en ai beaucoup
» donné : vous sentés, Monsieur, que je suis à
» vos ordres, si vous en désirés.

» D'après cette description de cette vase redurcie,

» à laquelle j'ai dit que je m'attendais : voilà donc
» la nature reprise sur le temps une seconde fois
» par moi , et cela sans réplique : ce sont des
» faits, mais le dernier, si vous le permettés, ne
» mériterait-il pas aussi d'être consigné pour la
» postérité dans les papiers publics ?

» Que diront les philosophes dans quarante ou
» cinquante ans, si ce banc pierreux, si tendre au-
» jourd'hui, qui a végété d'une vase molle, que
» nous pétrissions dans nos mains, il y a quatorze,
» quinze, seize et vingt ans, devient aussi dur,
» aussi épais, et les coquilles aussi grandes et
» aussi formées avec les mêmes nuances, blanc
» sale ou roux, tels que les deux précédents bancs,
» dont il reste encore un bloc du plus ancien, et
» d'autres répandus sur la rive de cet étang, de
» ces deux premières concrétions, qui peuvent
» être comparées avec la dernière, pour servir à
» vaincre l'antipathie obstinée, contre la possi-
» bilité de la végétation spontanée des coquillages
» fossiles ? car si c'étaient des coquilles qui s'in-
» troduisissent dans mon étang, on les y verrait
» toujours aussi formées que celles enchassées dans
» les premiers encroûtements.

» Vous voyés, Monsieur, le contraire, par la

» description de ce que sont ces dernières petites
» coquilles, si petites, si fines, et si bien orga-
» nisées dans la matière qui les compose, que j'ai
» toujours suivies, d'après le microscope, jusqu'à ce
» moment, où on les prend pour les observer
» dans la main, et reconnaître les mêmes formes
» qui se renouvellent d'elles-mêmes, sans le se-
» cours, comme vous le voyés, d'aucun animal vi-
» vant. Je n'en fais pas un mistère : ce n'est point
» un système que je cherche à vous prouver par
» des raisonnements : c'est un chef d'œuvre de
» la nature, dont elle m'a fait dépositaire: il existe;
» je n'ai point d'autre langage dans cette dispute
» que celui des yeux : et l'on aura beau débattre
» ce mystère, il paraît certainement développé par
» l'expérience.

» Rien n'égale la vénération, etc.

» De la Sauvagere.

» Au château des Places, près de Chinon en
» Touraine, ce 28 Juin 1777.

J'ai entre mes mains cette lettre originale : et
j'ai crû qu'il était du devoir de l'historien de la
transcrire avec toutes ses imperfections littéraires.

afin qu'on ne m'accuse pas d'en avoir altéré le sens, sous prétexte d'en épurer le langage.

Voltaire me remit cette lettre entre les mains, en me priant de la faire valoir dans ma nouvelle édition de la philosophie de la nature; et il me fit entendre avec beaucoup d'art, qu'il exigeait cette déférence, sinon de ma persuasion, du moins de ma reconnaissance.

Je n'ai jamais cru qu'il pût exister des accommodements avec la vérité, comme le Tartuffe de Molière en trouvait avec le ciel : l'unique condescendance que mon cœur sensible me permit d'admettre, fut d'accepter la lettre, de ne point la critiquer, et d'attendre, pour faire connaître cette anecdote, la mort du grand homme.

Page 36

(DE LA RETRAITE GRADUÉE DE L'OCÉAN.)

D'UN PRINCIPE DE MÉTRODORE. — Plutarch. *de placit. philosoph.* lib. 3, cap. 9.

Texte original d'Ovide, embelli et altéré par Voltaire :

Vidi ego, quod fuerat quondam solidissima tellus;
Esse fretum : vidi factas ex aequore terras :

*Et procul à Pelago conchæ jacuere marinæ;
Et vetus inventa est in montibus anchora
summit.*

*Quod que fuit campus vallium decursus aquarum
Fecit; et eluvie mons est deductus in æquor.*
voyés, *metamorphos.* lib. XV.

Idée de Leibnitz sur la retraite des mers. — *Protogè*, in actis eruditor. Lips. en 1693, page 40. — *Miscellan.* Berolin. an 1710 page 118 et *Leibnit. Oper.* édition de Dutemps, tome 2. part. secund. page 181.

Texte de Pomponius Mela sur l'Inde. — *India non Eoo tantum apposita Pelago, sed et ei quod ad Meridiem spectans Indicum diximus; et hinc Tauri jugis ab Occidente Indo finita, tantum spatium littoris occupat, quantum per quadraginta dies noctes que velificantibus cursus est* — voy. *de situ orbis* lib. 3.

Sur l'aggrandissement de Guzarate dans l'Indostan. — *Description géographique de l'Inde* du P. Tieffenthaler, tome 1. page 382.

Citation du Portugais Jean de Barros. — *Voyages dans les mers de l'Inde*, de l'académicien le Gentil, tome 2. page 6.

Texte de Strabon, sur un lac de Cappadoce. —

Est Lacus aquæ salsæ, ambitu nequaquam parv paludis, qui superciliis clauditur sublimibus et rectis : ita ut descensus sit per gradus, atque ejus neque incrementum esse ullam aiunt, neque defluxum usquam perspicuum. Voyés *geograph: lib. XII.* édition d'Almeloween page 810.

CITATION DE XANTHUS SUR DES LACS DE L'ARMÉNIE ET DE LA PHRYGIE. — *Xanthus dixerat . . . marinum lacum vidisse in Armeniâ et Matienis in quâ Phrygiâ inferiori : ita que sibi persuasum esse campos istos aliquando fuisse mare.* — Strab. *geograph.* lib. I. la même édition d'Almeloween, page 85.

TEXTE DE QUINTE-CURCE SUR L'ASIE MINEURE. — *Pari intervallo Pontico et Cilicio mari distantem; inter hæc maria angustissimum Asiæ spatium, esse comperimus, utroque, in arctas fauces compellente terram, qua quia continenti adhæret, sed magnâ ex parte cingitur fluctibus, speciem insulæ præbet, ac nisi tenue discrimen objiceret, maria quæ nunc dividit committeret,* voyés Quint. *Curt.* lib. 3, cap. 1.

TEXTE DE PLINE LE NATURALISTE. — *Ejusdem nominis Amisus sinus tanti recessûs, ut Asiam penè Insulam faciat CC. M. puss. haud amplius per continentem ad Issicum Ciliciæ sinum*, voyés *histor. natur.* lib. 6, cap. 2.

TEXTE DE STRABON. — *Est hoc portio tanquam Isthmus magnæ Ponti insulæ duobus constrictus maribus : uno quod est Issici sinus usque ad Ciliciam asperam : altero quod est Euxini usque ad Sinopem et Aram Tibarenorum*, voyés *geograph.* lib. XII.

DIVERS PASSAGES DE PLINE, sur les Isles réunies au continent, dans l'Asie Mineure. — *Rursus abstulit insulas mare, junxit que terris Antissam Lesbo, Zephyrium Halicarnasso, Æthusam Myndo, Dromiscon et Pernen Mileto... Hybanda quondam insula Ioniæ CC. nunc a mari abest stadiis. Syrien Ephesus in Mediterraneá habet : Derasidas et Sophoniam vicina ei Magnesia*, voyés, *histor. natur.* lib. 2, cap. 89.

. . . . *Homero credimus : sed et recessu maris sicut eidem de Circeis : quod accidisse et in Ambraciæ portu X. M. pass. intervallo, et Atheniensium V. M. ad Pyræum memoratur et Ephesi ubi quondam ædem Dianæ alluebat : Herodoto quidem si credimus, mare fuit, supra Memphim usque ad Æthyopum montes, item que a planis*

Arabico mare et circa Ilium et tota Teuthrania; quà que campos intulerit Mæander, voyez *histor. natural.* lib. 2, cap. 85.

Sur l'Isle de Céphalénie. — Strabon *geograph.* lib. X, Plin. *histor. natural.* lib. 4. cap. 12, et *voyage de Dalmatie* par Georges Wheler, tome I, page 53.

Sur l'Isle de Ténédos. — Strabon *geograph.* lib. 13, Plin. *histor. natural.* lib. V. cap. 31, et Tournefort, *voyage du Levant*, tome 2, page 91. Je n'ai évalué que d'une manière générale l'étendue que ce dernier donne à l'Isle de Ténédos, parce qu'il ne désigne pas quelle est l'espèce de mille qui sert de base à ses calculs : il croit seulement que son rapport avec la mesure de Strabon est de 18 à 10.

Sur la retraite de la mer en diverses contrées de l'Italie — Cellarius *geograph. antiq.* tome I. page 670. Donati, *essai sur l'histoire naturelle de la mer Adriatique*, page 12 et, Ferber, *lettres sur la Minéralogie*, page 265.

Sur la Carte physique de la France, imaginée d'après la Falunière de Réaumur. — *Mémoires de l'Académie des sciences*, an 1720.

Sur la retraite de la Méditerranée. — On ne connaît

tonnait que Manfrédi qui, comme je l'ai dit dans le texte, ait tenté d'infirmer le grand axiome de la géographie physique, que l'Italie de jour en jour est abandonnée par la mer qui l'environne : mais Manfrédi offre une faible authorité dans ces matières : Manfrédi qui a passé une partie de sa vie à composer des Sonnets, qui a fait l'apologie des petits Tourbillons de Descartes, qui employait la plume de ses sœurs à écrire, sous son nom, les Éphémérides.

SUR LA RETRAITE DE LA MER BALTIQUE. — Les mémoires de l'académie des sciences de Stockolm n'ont paru pour la première fois qu'en 1740 : les Allemands se hâtèrent bientôt de les traduire : mais il n'en existe point de version Française : nous ne connaissons ce recueil, si intéressant pour les arts et les lettres, que par l'abrégé qu'on en a fait dans le tome XI. de la *collection académique*, et c'est à la page 3 de ce volume que j'ai puisé le fond des principaux faits, dont j'offre ici l'analyse.

CITATION DE PAW. — *Recherches philosophiques sur les Américains*, tome I. note de la page 103.

TÉMOIGNAGE DE PLINE L'ANCIEN, SUR LA PRUSSE ET LA POMÉRANIE. — *Histor. natur.* lib. 4 cap. 13

Citation de Leibnitz, sur Minden en Westphalie. — *Protogœa*, parag. 40.

Page 83.

(Digression sur le problème de la transmutation de l'eau en terre.)

Idée de Newton sur la métamorphose de
l'eau en terre. — Le texte original est précis :
*terra augetur aquâ in eam conversâ et omnia in
aquam (vi ignis) reduci possunt.* Voyez, *tractat.
de natur. acidorum*, in Newton. opuscul. tome II
page 415.

Expérience de Boyle. — *De origine formarum*
page 259.

Idée de Boerhaave. — Élémens de Chymie,
tome IV. page 163.

Expérience de Clavius. — *Schotti Méchaniq.*
pars. 3. apud. Rob. Boyl. *Expérim.* XXII.

Expérience de Vanhelmont. — *OEuvres de J.
B. Vanhelmont*, édition d'Elzévir, page 108. Voyez
d'autres tentatives de ce genre, et que le succès
a couronnées, par rapport à des Courges, des
Menthes, des Concombres, etc. Boyle, *de orig.*

hernar. Sect. 2, et Miller-Eller, *transactions philosophiques*, tome 37 N°. 418.

Il faut joindre à toutes ces preuves de détail les belles expériences qu'a faites de nos jours le célèbre Duhamel, et qui sont insérées dans un mémoire, *sur les plantes qu'on peut élever dans l'eau*, voyez *académie des sciences*, année 1748 : l'académicien fit servir, pour ses sçavantes épreuves, de l'eau de Seine filtrée et conservée plusieurs mois dans un vase de grez, de sorte qu'elle avait atteint, pour ainsi dire, son dernier période d'homogénéité. Des fèves de marais jettées dans ce liquide, sans autre intermède, s'élevèrent jusqu'à trois pieds de hauteur, produisirent de larges feuilles, de belles fleurs, et un petit nombre de fruits. Deux Maroniers d'Inde s'y conservèrent pleins de vigueur pendant deux ans, et à cette époque, ils furent remis en terre où ils continuèrent leur accroissement. Un Chêne enfin y naquit de germe, et se maintint dans l'eau filtrée pendant plus de huit ans : à chaque printemps, il produisait des feuilles nouvelles et du jeune bois : à l'époque de la lecture du mémoire à l'académie, l'arbrisseau était divisé en cinq branches,

b 2

et la tige principale avait par le pied vingt lignes de circonférence.

Sur le filtre des animaux a coquilles. — Buffon, *hist. natur.* supplém. tome I. page 147.

Page 114.

{ Elémens de la théorie du globe, pendant la période de l'organisation des êtres. }

Sur le plateau de la Tartarie. — Consultée *Description de la Chine*, du P. du Halde, tome IV. page 100.

Du Mont-Blanc. — Quoique je n'aye peut être déjà que trop parlé de cette première pyramide naturelle de l'Europe, je ne puis me refuser à transcrire encore un texte d'un physicien éclairé de Genève, qui ajoute de nouveaux points d'appuy à ma théorie.

» La cime du Mont-Blanc, élevée de 2446 toises
» au dessus du niveau de la Méditerranée, est la
» plus haute de toutes celles qui ont été mesurées
» avec quelque exactitude, non seulement en Eu-
» rope, mais en Asie et en Afrique; les Cordillières
» de l'Amérique, sont les seules montagnes connues
» qui la surpassent en hauteur.

» Cet énorme rocher de granit, situé au centre
» des Alpes, lié avec des montagnes de différentes
» hauteurs et de différens genres, semble être
» la clef d'un grand système.... Malheureusement,
» il est d'un accès très-difficile ; malgré l'étendue
» de sa base, ses approches sont défendues presque
» de tous les côtés. Au Sud, au Sud-Est et au
» Sud-Ouest, des rocs taillés en pics à la hauteur
» de plusieurs milliers de pieds ; au Nord, au Nord-
» Est et au Nord-Ouest, des murs de glace qui
» menacent d'écraser ceux qui les approchent, ou
» des neiges perfides qui voilent des abymes.

« Heureusement on peut sonder ses flancs, qui
» sont accessibles. De plus, deux hautes monta-
» gnes qui sont situées vis-à-vis du Mont-Blanc,
» l'une au Nord et l'autre au Midi, semblent être
» des gradins destinés à l'observateur, qui de leur
» sommet, peut saisir tout l'ensemble de cet énorme
» colosse. Voyés les *Voyages dans les Alpes* d'Horace Bénédict de Saussure, tome 2, page 151.

SUR LES PEUPLES DU NOUVEAU MONDE, ISSUS DES
FLANCS DES MONTAGNES. — Je ne lis aucun livre
moderne, pour y chercher des autorités : cependant

en voici une qui se présente sous ma plume : l'importance du texte m'oblige à la transcrire.

« Il importe d'observer, que c'est au pied des
» montagnes et sur leur cime, qu'on a découvert
» les peuples les plus anciennement réunis et les
» plus nombreux de l'Amérique ; tels que les Pé-
» ruviens, sur le penchant des grandes Cordilières
» à la côte Orientale, et les Brasiliens, au bas
» des petites Cordilières, à la côte opposée. Toutes
» les Hordes répandues dans la Floride, dans la
» Virginie et dans les Antilles, étaient venues du
» haut des monts Apalaches : la mémoire de cette
» émigration subsistait encore, au moment de l'ar-
» rivée de Christophle Colomb. Les Guianais, qui
» occupaient les rivages de la mer, étaient des-
» cendus de Parimé : les habitans de la Louisiane
» avaient aussi nouvellement fixé leur séjour vers
» l'embouchure de Mississipi, où l'on voit encore
» aujourd'hui plusieurs cantons, d'où les eaux ne
» se sont pas retirées. Les peuples du Chili disaient
» que leurs ancêtres avaient vécu au haut des Andes,
» et que leur descente dans la plaine était récente.
» Quant aux Mexicains, autant qu'on peut péné-
» trer dans la confusion ténébreuse de leur histoire

» barbare, il est probable qu'il tiraient leur ori-
» gine d'un peuple qui avait d'abord séjourné dans
» la partie méridionale des Apalaches. » — Voyés
recherches philosophiques sur les Américains.

DE LA VÉNÉRATION DES ANCIENS POUR LES ISLES. —
L'auteur des *lettres sur l'Atlantide*, est parvenu
par une route bien opposée au même résultat;
puisque j'ai le bonheur de me rencontrer un moment avec lui, je veux lui faire plaider ma cause:
c'est un moyen sûr de me concilier mes juges,
que d'en faire mon interprète.

» Ne trouvez-vous pas quelque chose de singu-
» lier dans cet amour des anciens pour les Isles?
» Tout ce qu'il y a de sacré et de grand s'y est
» passé : pourquoi les habitans du Continent ont-
» ils donné cet avantage aux Isles, sur le Continent
» même ? Quand on veut décorer son antiquité
» par des fables, c'est sa patrie qu'on illustre,
» et non des contrées étrangères. On ne sacrifie
» point à de petits appendices, à des terres isolées,
» les grandes masses, qui semblent les maîtresses
» du Globe; je penche à croire que cet amour était
» un peu forcé; ces traditions n'ont point été ima-
» ginées, elles ont un fond de vérité : l'amour,

» propre les eut tournées autrement ; mais la vérité
» lui résiste. Quand vous voyéz un homme enrichi
» et parvenu, chercher les titres de sa famille dans
» un village, n'y placez vous pas son origine? Eh
» bien, ce village si humble devant les capitales,
» c'est l'Isle qui a peuplé les grandes terres ; les
» titres du genre-humain, ce sont les traditions qui
» ont leur source dans ces Isles sacrées. » Voyés
lettres sur l'Atlantide, page 390.

Page 130.

(ESSAI SUR LES ÉPOQUES DE L'IMERSION DU GLOBE.)

SECONDE ÉPOQUE : J'aurais voulu, dans un chapitre qui ne renferme que des principes, ne citer aucune autorité de détail ; mais je rencontre Pallas sur ma route, et le suffrage de ce voyageur célèbre peut contribuer, en attendant les nouveaux développements que fera naître ma théorie, à tirer mon opinion de l'ordre des conjectures.

» Si l'on suppose, dit-il, comme il n'y a pas
» lieu raisonnablement d'en douter, que le niveau
» des mers était anciennement assés élevé pour
» couvrir les couches horisontales des Continents,
» que nous trouvons aujourd'hui remplies de pro-

» ductions marines, le centre de l'Asie aura dû
» former une grande Isle, entourée de monta-
» gnes, et constituant autant de Caps et de Chaînes
» marines, qu'il part de branches montueuses de
» son centre. Voyés observations générales sur la
Russie, dans l'*histoire* des découvertes des sçavants
voyageurs, tome VI. page 507.

Troisième époque. — Buffon, qui partant quelquefois du routes différentes de la mienne, arrive cependant au même but, confirme de son suffrage prétieux, ma théorie sur la nouveauté de l'Europe.

» L'Europe est un pays nouveau. La tradition
» sur les émigrations des peuples et sur l'origine
» des arts et des sciences, paraît l'indiquer : il
» n'y a pas long-temps qu'elle était encore remplie
» de marais et couverte de forêts : au lieu que,
» dans les pays très-anciennement habités, il n'y
» a pas de bois, peu d'eaux, beaucoup de landes
» et de bruyères, une grande quantité de mon-
» tagnes, dont les sommets sont secs et stériles ;
» car les hommes détruisent les bois, contraignent
» les eaux, resserrent les fleuves, dessèchent les
» marais, et, avec le temps, donnent à la terre une
» face toute différente de celle des pays inhabités

» ou nouvellement peuplés. Voyés *hist. natur.* édition in-12, tome 1, page 30.

Sur la prolongation de la mer du Nord vers le Sud. — Busching, le premier de nos géographes, est clair pour qui veut l'entendre: » on a dé- » couvert des traces, suivant lesquelles la mer du » Nord s'étendoit autrefois davantage vers le Sud; » ou, ce qui revient au même, suivant lesquelles » ses eaux doivent diminuer. On a entr'autres « trouvé des morceaux de poutres, jettés par la » mer sur des hauteurs où ni le flux ni les vagues » ne sçauraient atteindre. Ainsi il n'est pas éton- » nant que l'on trouve encore aujourd'hui, dans » des endroits fort éloignés de la mer, des restes » d'animaux marins. Voyés *géographie universelle*, tome 1, page 105.

Textes des anciens sur les pays Hyperboréens. — Voyés Pline *histor. natur.* lib. 4, cap. 13, e l.b. 57, cap. 5; Diodore de Sicile, *Bibl. hist. histor.* lib. 2, et Etienne de Byzance, au mot Helix...

Cinquième Epoque. — Les preuves des décou- vertes de l'Amérique, antérieures à celle des Co- lomb et des Vespuce, se trouvent détaillées dans une dissertation précieuse de Sigismond Hadelich insérée dans les mémoires de l'académie d'Erfort ; on y lit des textes authentiques de David Kimchi et d'autres Rabbins contemporains, qui, quatre cents ans avant Colomb, ont parlé de la terre et du bois du Brésil. On peut consulter aussi les deux dissertations de Jean Philippe Cassel professeur à Brême : l'une a pour titre : *de Frisonum navigatione fortuitâ in Americam, sæculo undecimo factâ;* et l'autre : *de navigationibus fortuitis in Americam ante Columbum factis.* C'est du sçavant Villoison, de l'académie des belles lettres de Paris, que nous tenons ces détails ; voyés, *Lettres Américaines*, du comte Carli, tome 2, page 520.

Si l'on veut une preuve non moins évidente, on la trouvera dans la sçavante *histoire des découvertes faites dans le Nord*, que nous devons à Forster le compagnon de Cook, dans son voyage autour du monde.

» Vers l'an 1001 de l'Ere vulgaire, dit le cé-
» lèbre Anglais que j'analyse, l'islandais Biorn,
» allant au Groënland, fut poussé par une tem-
» pête hors de sa route, et jetté fort loin vers le
» Sud-Ouest. Il apperçut un pays plat tout cou-
» vert de bois, et quand il voulut mettre à la voile

» pour son retour, une Isle s'offrit à ses regards :
» il revint par le Nord-Est, au Groënland...
» peu de temps après, il s'associa avec Leif, qui
» avait équipé un vaisseau monté par trente-cinq
» hommes, et tenta de nouvelles découvertes dans
« ces parages. Le premier pays qu'il découvrit fut
» une Isle couverte de rochers et stérile : ensuite
» il vit une terre basse avec un fond de sable,
» mais couverte de bois, qu'il nomma pour cette
» raison Markland : deux jours après, il apperçut
» encore la terre, ainsi que l'embouchure d'une
» rivière qu'il remonta, les bords étaient couverts
» de buissons et portaient des fruits agréables ;
» la température de l'air était douce, le sol ferti-
» le, la rivière abondante en poissons : enfin il
» arriva à un lac d'où le fleuve tirait sa source ;
» il se détermina à y passer l'hyver : dans le
» jour le plus court de cette saison, il vit le soleil
» pendant huit heures sur l'horison. Ceci suppose
» que le jour le plus long, sans faire attention
» au crépuscule, devait être de seize heures. D'où
» il suit que cette contrée, étant sous le quarante-
» neuvième dégré de Latitude Nord, au Sud Ouest
» du Groënland, il faut que ce soit où la rivière

« de Gander, ou la Baye des Exploits, dans l'Isle
» de Terre-Neuve, ou quelque lieu attenant à
» la Côte-Nord du Golfe Saint Laurent. *Voyez*
tome I. chap. 2.

Page 150.

(DES DIVERSES RÉVOLUTIONS DE LA MER CASPIENNE.)

ÉTENDUE DE CETTE MER SUIVANT OLÉARIUS. — Voy.
ses voyages, édition in-folio de 1727, page 511.
Je serais tenté de croire que ce sçavant calcule,
d'après la lieue Germanique du moyen age, qui est
de 4556 toises, et non d'après la lieue plus moderne
de 2217. puisqu'à la page précédente, il suppose
que cette étendue répond à quinze journées de
route, et qu'assurément un voyageur fait par jour
plus de sept de nos lieues légales de 2500 toises.

En admettant cette hypothèse, Oléarius se rap-
procherait de William Coxe, qui de nos jours a
donné à la mer Caspienne 680 milles Anglais,
voyages au Nord de l'Europe, édition in-8°,
tome 3, page 86.

Je préférerais ces authorités à celle de quelques
Tartares errants, dont parle Kaümpfer, qui ne
donnent à cette Méditerranée Asiatique que 200
milles de long. — *Histoire du Japon*, édition in-12,

tome I, page 142 ; et même au suffrage de Bell d'Antermony, qui ne prolonge sa plus grande direction, que jusqu'à cent cinquante lieues, *voyages depuis Saint-Petersbourg*, traduction Française, tome 3, page 71.

Rivières qui s'y jettent. — *Voyages d'Oléarius*, page 509.

Sa profondeur. — Voyés les *voyages* d'Hanway, cités dans Busching. *géographie*, tome I, page 108.

Calcul sur les eaux du Volga qu'elle reçoit. — *Voyages du Nord*, tome VII, page 323.

Carte de la mer Caspienne, par Vanverden. — Voyés *mémoires de l'académie des sciences*, année 1721.

D'Anville nous a donné cette Carte Russe rectifiée, en 1754 : mais, peu content de son ouvrage, il eut la modestie de revenir sur son travail en 1774,. voyés les *mémoires de l'académie*, de cette dernière année, page 368.

Malheureusement ce géographe, qui ne sortait point de son cabinet, qui n'avait point de correspondance avec les sçavants de la Russie, n'avait point de données pour résoudre le problème des révolutions de la mer Caspienne ; sa grande erreur sur la fausse position de Casbin, a influé sur la projection entière de sa Carte : voyés dans les *mémoires de l'académie*, de 1787, la manière dont il est relevé par l'abbé de Beauchamp, qui résidait alors à Bagdad, en qualité de correspondant de l'académie.

UNION DE LA MER CASPIENNE ET DU LAC ARAL. — Buffon a rendu témoignage à cette vérité, qui avait déjà été pressentie par d'excellents géographes ; » on doit présumer, dit-il, qu'autrefois ces deux » grands bassins n'en formaient qu'un seul, et que » les fleuves ayant diminué peu à peu, et amené » une très-grande quantité de sable et de limon, » tout le pays qui les sépare aura été formé de » ces sables, *hist. natur.* édition in-12, tome 2 page 161.

RÉVOLUTION DE CETTE MER, SUIVANT PTOLÉMÉE. — Je parle toujours, d'après la conviction où je suis, que l'ouvrage qui porte son nom est vraiment de l'auteur de l'Almageste : ainsi que Riccioli l'a dé... *geograph. reformat.* page 273.

L'édition de Ptolémée, qui a servi de base à mes recherches, est très-belle et très-rare ; c'est celle qui a été imprimée à Rome in-folio, en 1508 et dont les 67 Cartes sont enluminées.

Cet astronome commence à donner une grande idée de la mer Caspienne, en la comparant à l'Océan Indien et à notre Méditerranée d'Europe : *inter maria qua à terrâ circumplectuntur, ut dictum est, præ majori spatio Indicum Pelagus primum est; secundum mare nostrum; tertium Hyrcanum seu Caspium*, voyés *geograph.* lib. 7; cap 5.

La configuration de sa Carte se trouve dans les *mémoires de l'académie*, de 1721; et dans l'*Asiæ tabula antiqua Dyonisio et Eustathio accomodata*, qu'on voit au tome IV, des *petits geographes*.

Agathémer qui vivait sous Septime Sévère, préférait l'authorité de Ptolémée à celle d'Artémidore et de tous les géographes de l'antiquité : voici un texte de cet écrivain sur la mer Caspienne, qu'il ne serait pas difficile de concilier avec les calculs de l'astronome d'Alexandrie :

Caspii Maris longitudo, ab ostiis Cyri, qui ex Armeniâ fluit, ad ostia Jaxartis, stadisrum est 8200, seu milia passuum 1194. Maxima latitudo stadia 2500, non excedit, quæ sunt millia passuum 554. Voyés *geograph. vetor. script. græc. minor.* tome 3, *in Agathem.* cap. 14.

La

Le système de Ptolémée sur l'étendue de la mer Caspienne d'Orient en Occident, a été adopté aussi par des hommes de lettres du plus grand mérite, même lorsque la géographie moderne a donné à ce bassin de l'Asie une autre configuration : voyés Isaac Vossius, *in Pompon. Mel.* lib. 3 cap. 5, et Cellarius, *notitia orbis antiqui*, tome 2, page 674.

Ptolémée fleurissait la neuvième année du règne d'Adrien, qui répond à l'an 125 de l'Ere vulgaire ; car il parle dans ses ouvrages d'une éclipse de Lune, qu'il observa cette même année, voyés *Almageste* lib. 4. cap. 9.

RÉVOLUTION DE LA MÊME MER, SUIVANT ABULFÉDA. — L'ouvrage de ce Prince de Hamah, se trouve dans le troisième volume de la belle collection d'Oxford, qui a pour titre : *Geographiæ veteris scriptores Græci minores.* Le livre a pour titre : *Chorasmiæ et Mawaralnahræ, id est regionum extrà fluvium Oxum, descriptio.*

La mesure de 270 Parasanges qu'il assigne à l'étendue de la mer Caspienne, dans la direction de l'Est à l'Ouest, est tirée, dit-il, de l'Arabe Kottiddin: *Tradit Kottiddinus ejus longitudinem ab Oriente ad Occidentem, 270 Parasangas.* Or la

Tome V.

Parasange est, (à quelques toises près), la lieue astronomique de la Perse.

Il est dit, dans le texte de cet ouvrage, que notre Carte de la troisième révolution de la mer Caspienne se concilie parfaitement avec la théorie du Géographe de Nubie et avec les Cartes d'Abubekre Effendi et d'Oléarius.

Le Sherif Alderisi, ou le Geographe de Nubie donne de l'Est à l'Ouest 800 milles à la mer Caspienne, ainsi qu'Abulféda : voici son texte : . . .

. . *Ejus longitudinem porrigi ab Occidente in Orientem, aliquanto cum flexu ad Septentrion- spatio octingentorum milliarium, latitudinem vero sexcentorum.*

La Carte du geographe Turc, Abubekre Effendi, a été mise par le comte de Marsigli, à la tête de son *Empire Ottoman* : on y voit la mer Caspienne sous le nom de *Chilan Degnisi*, et elle est figurée, à peu près comme Abulféda lui-même en aurait donné le dessin d'après son ouvrage.

Enfin Oléarius, qui, en 1656, parcourait cette partie de l'Asie, et qui semblait à portée de consulter les géographes Orientaux, a adopté pour la Carte de ses voyages, la mer Caspienne d'Abulféda plutôt que celle dont il visitait les rivages. *Voyages en Moscovie*, etc. édition in-folio, de 1727, page 518.

QUE LA MER CASPIENNE ÉTAIT UNE MÉDITERRANÉE, IL Y A VINGT SIÈCLES. — *Eustath.* sur Denys Périégète, vers. 48, et page 128. Aristot. *Météorolog.* lib. 2, cap. 1; et *Diod. Sicul.* lib. 18, paragr. 5.

RESTES DE LA MER CASPIENNE, DE TERKI A ASTRACAN. — Voyés le tome second de la *description de l'empire Russien*, du baron de Sthralemberg, pass. et la *géographie universelle* de Busching, tome 2, page 230 et 231.

AUTORITÉS SUR LA JONCTION DE LA MER CASPIENNE AU PONT-EUXIN. — *Histoire de Russie*, tirée des chroniques originales, par l'Évêque, tome V, page 809 — Pallas, dans les *découvertes des sçavants voyageurs*, tome 2, page 53, 55 et 59.

SUR LES CONDUITS SOUTERRAINS DES DEUX MERS. — Le conte du P. Avril se trouve, *voyages en divers États de l'Europe et de l'Asie*, Paris, 1693, liv. 2, page 78.

Au reste les canaux souterrains ont toujours paru très-commodes aux physiciens, qui ont voulu expliquer le phénomène de l'augmentation des mers ar la décharge des fleuves, sans le concilier avec celui de l'évaporation. Tournefort, le judicieux Tournefort a eu la faiblesse d'écrire que la Mer Noire se défaisait de ses eaux surabondantes, par des canaux de ce genre, qui traversaient peut-être l'Asie et l'Europe. *Relation d'un voyage du Levant*, édition in-8°. tome 2, page 404.

TEXTE DE STRABON, sur la navigation à l'Occident de la mer Caspienne. — *Nam neque priorum quemquam compertum habemus, istud littus præter navigasse versus Orientem, usque ad Caspii maris fauces.* Voyés *geograph.* lib. VIII. Comme cette version latine est tout-à-fait littérale, je la transcris sans y rien changer.

AUTRE TEXTE DU MÊME GÉOGRAPHE, sur l'ancienne communication du Pont-Euxin et de la mer Caspienne. — *Méotis Palus, quæ Tanaim haurit, et Caspium mare.* Voyés *geograph.* lib. XI. édition d'Almelowéen, tome 2; page 777.

IDÉE DE CLITARQUE, sur le même sujet. — Pline, *Histor natur.* lib. VI. cap. 13.

SUR L'ISTHME, qui sépare les deux mers. — *Isthmus, à Ponto Euxino, ad mare Hyrcanum (vel Caspium), stadiorum est, 8000.* Voyés *Chrestomath.* lib. XI, dans les petits géographes, tome 2; page 139. Le stade dont il est fait mention ici ne peut être que le stade Grec ordinaire, que Danville a eu raison d'évaluer à 51 toises?

DE LA VRAISEMBLANCE DE CETTE UNION, offerte par l'inspection des terres. — Géographie ancienne de Danville, tome 2, page 120 ; Busching, *geogr. univers.* tome 2, page 79 ; théorie de Pallas dans *l'histoire des découvertes des sçavants voyageurs*, tome 3, page 89.

SUR L'ANCIEN COURS DE L'ARAXE. — Strabon, *geograph.* lib. 2, et Hérodote, lib. 1. Ce dernier historien est de beaucoup antérieur à Strabon ; mais il paraît n'avoir consulté que des mémoires particuliers, qui renfermaient sûrement une tradition plus récente, comme Strabon lui-même le lui a reproché.

L'Araxe aujourd'hui n'est plus celui des anciens ; en particulier ses eaux se perdent dans le Kur, avant que d'arriver à la mer Caspienne. Voyés Tournefort, *voyage du Levant*, tome III. page 174.

TEXTES DES ANCIENS, sur l'union de l'Océan Septentrional et de la mer Caspienne. — Voici celui de Strabon : *Sinus est mare illud, ab Oceano versùs meridiem editus; ab initio satis angustus, intus autem, dum progreditur, in latum se pan-*

†. Voyés *geograph.* édition in-folio d'Almelovéen;

lib. XI, tome 2, page 775. Voici la traduction de la note de Casaubon sur ce passage : « Strabon adopte » l'opinion vulgaire des géographes du son temps, » sur l'origine de la mer Caspienne. La plupart en » effet s'imaginaient que cette Méditerranée n'était » qu'un golfe de la mer Saturnienne ou Septentrio- » nale, comme la mer de Perse en était un de » l'Océan Méridional : telle est en particulier » l'opinion de Pline, de Mela et de Denys l'Africain, » dont la géographie moderne démontre le peu » d'authenticité ».

Le passage de Pline ne semble que la traduction du précédent : (*mare Caspium*) *irrumpit è Scy- thico Oceano in aversa Asiæ . . . arctis faucibus, et in longum spatiosis.* Voyez histor. natur. lib. 6. cap. 13.

Voici les mauvais vers de Denys le Périégète :

Post hos verò Caspium fluctuat mare:

Facilè autem tibi et hoc descripserim mare ;

Quitamen non vidi procul meatus, neque navi eotrajeci . . .

Verùm fuerit sane forma rotunda, undique sinuosa . . .

Totius Caspii magni maris . . .

ET NOTES. xxxix

Tantus namque trajectus est immanis retrò
autem ad Septentriones,
Protractus, gurgitibus commiscetur Oceani.

Voyés Dyonis. *Orbis descriptio*, vers 706 à 750, dans le tome IV. des petits géographes.

Voyés aussi sur la même opinion antique, Plutarque, *in Alexandro*, Pomponius Mela, *de situ orbis*, lib. 1. Solin, *Polyhist.* cap. 21, et Arrien *in Periplo.*

A la fin du beau Pomponius Mela, *variorum*, de l'édition de Leyde, donnée en 1722, on trouve une *Cosmographie*, faussement attribuée à Æthicus, et dont voici un passage qui n'offre rien d'énigmatique.

Mare Caspium . . . ab Oceano oritur, cujus utraque circa Oceanum littora, et loca deserta inculta quæ habentur . . . a mari Caspio, quod est ad Orientem, per oram Oceani Septentrionalis, usque ad Tanaim fluvium et Mœotides paludas, quæ sunt ad occasum, per littus Cimmerici maris, quod est ab Aphrico, neque ad caput et portùs Caucasi quæ sunt ad meridiem, gentes sunt triginta quatuor. Voyés page 727.

SUR LA DISTANCE ENTRE LES DEUX MERS. — Des-

ription de l'Empire Russien, par Sthralemberg, tome 1, page 296.

Du sel crystalisé, des environs d'Astracan. — Busching, *geograph. univers.* tome 2, page 289.

Sur le lac Onéga. — Le baron de Sthralemberg, qui a parcouru cette contrée en observateur philosophe, dit en propres termes : *qu'il n'y a entre Archangel et le lac Onéga, qu'un vaste désert sans habitation humaine, où on est obligé de coucher quelquefois trois nuits en plein air*, voyés *description de l'Empire Russien*, tome 1, page 27.

Sur l'extension de la mer du Nord. — Busching *geograph. univers.* page 86 ; voyages de Bell d'Antermony, tome 1, page 50 et 109 ; et Müller, *voyages et découvertes*, édition d'Amsterdam de 1766, tome 2, page 202. Au milieu des faits innombrables qui se présent sous ma plume, je n'ai pas fait mention des terres infiniment basses qui avoisinent le Volga. Oléarius parle de deux énormes Bruyères qu'il a vues le long de ce fleuve, et dont l'une a soixante et dix lieues, et l'autre quatre-vingt. *Voyages*, page 454.

Sur la Chaine, entre Astracan et Archangel. — « La Russie, dit l'éditeur de Sthralemberg, surtout, depuis le soixantième dégré de Latitude,

» une pente continuelle vers la mer du Nord, *description de l'Empire Russien*, tome 1, note de la page 324.

Sur les monts Ryphées. — Ptolemée les appellait *cingulum mundi* ; mais ces monts Ryphées ne se trouvent point où plusieurs anciens les plaçaient, c'est-à-dire, aux sources du Tanaïs. Voyés *geographie ancienne* de Danville, tome 1, page 326.

Sur les poissons de la Sibérie, dont la race est éteinte. — « On appelle dans le pays ces dents, » des dents de Mamouth ; des naturalistes ont pensé » qu'elles pouvaient avoir appartenu à des Phocas » ou à des licornes de mer, échoués sur la plage, » et restés ensevelis en terre *par la retraite de la* » *mer, qui, selon toute apparence, a perdu beau-* » *coup de terrein.* Voyés les *mémoires de Sargy*, tome III, page 79.

Le Mamouth, disent les Sibériens, est un énorme quadrupède qui vit entre deux terres, et qui meurt aussitôt qu'il respire. — Il faut ranger ce Mamouth avec le conte oriental des Gnômes.

Voltaire veut que cet yvoire fossile soit la dépouille d'un poisson monstrueux, qu'on pêche encore à l'embouchure du fleuve Amur, dans la mer de Kamsatka. *Histoire de Russie, sous Pierre le*

Grund, tome 1, page 161. — Cela peut être ; mais quand ce grand homme ajoute qu'on ne le trouve à l'entrée de la Sibérie, que parce qu'il y était transporté par les Sibériens, qui en faisaient un grand objet de commerce, il s'éloigne à la fois de la vérité et de la vraisemblance : il est bien plus simple d'imaginer, que des dents de poissons, trouvés dans des déserts de sables, ont appartenu à des poissons qui ont habité ces mêmes déserts, que de les faire transporter l'espace de 500 lieues par des caravannes : au reste, cette erreur était peut-être une suite du système, que les coquilles trouvées sur le sommet des Alpes, y avaient été abandonnées par les pélerins, du temps des Croisades.

Texte de l'abbé Chappe, sur le nivellement de la Russie. — *Voyages en Sibérie*, fait par ordre du Roi : édition in-folio de Paris donnée en 1768 ; tome 2, page 598.

Voici la vérification de ce texte important, d'après l'abbé Chappe lui-même.

» La Russie, de Saint Pétersbourg à Tobolsk, sur
» une distance de 700 lieues, est composée de quatre
» plans, tous parallèles à l'horison, excepté le
» dernier.

» Le premier, de Saint Pétersbourg à Jackelbiza ;

» sur une distance de cent lieues, est élevé au dessus
» de la mer de 31 toises ; il n'y a point de mon-
» tagnes dans ce premier plan.

» Le second depuis Jackelbian, jusqu'à Ossa, com-
» porte une distance de 400 lieues ; la hauteur
» est de cent cinquante toises au dessus du niveau
» de la mer, et de cent dix-neuf au dessus du
» premier plan ; on y trouve des monticules.

» Le troisième plan est d'Ossa à Ekaterinbourg,
» sur une distance de 90 lieues. La hauteur est de
» cent quatre-vingt toises, au dessus du niveau de
» la mer et de trente-cinq au dessus du second
» plan. Là est la Chaîne des Monts-Poyas, dont la
» hauteur est de 270 toises au dessus de niveau de
» la mer.

» Le quatrième plan forme une pente depuis la
» Chaîne jusqu'à l'Irtiz : et cette pente jusqu'à
» Tobolsk est de cent sept toises, sur une distance
» d'environ 120 lieues. Ce plan s'élève ensuite vers
» le Midi, et s'approche du niveau de la mer vers
» le Nord. Voyés page 605, etc.

Les calculs de l'académicien se sont trouvés op-
posés, surtout quant au quatrième plan, aux observations des physiciens qui l'avaient précédé ; mais
il donne ses preuves : une excellente entr'autres,

est qu'il y a une foule de rivières qui ont leurs sources dans les Monts-Ryphées, et leur cours à l'Est avec leur embouchure à l'Irtiz, à cent vingt lieues de la Chaîne. Ainsi on descend perpétuellement en allant des Monts-Ryphées à l'Est.

SUR LE SEL DU LAC DE JAMISKA. — Voyés *geograph. univers.* de Busching, tome 2, page 325.

SUR LES DÉSERTS DE SEL DE LA PERSE. — J'ajouterai à l'autorité du voyageur que je cite, celle de Tavernier, qui a *vu*, dans son voyage de Perse, *des plaines dont le sable n'était que du sel pur.* Voyés les *six voyages* de Tavernier, édition in-4°. tome 1, page 372.

TEXTE DE PAW, sur l'union de la mer Caspienne au Golfe de Perse. — *Recherches philosophiques sur les Américains*, tome 2, page 328.

Voyés aussi par rapport aux sources salées des environs de Baku, Busching, *geograph.* tome 1, page 109; et sur les coquillages de la mer Caspienne, qu'on rencontre dans la Perse; *découvertes des sçavants voyageurs*; tome 3, page 361.

TEXTE D'ARRIEN, l'historien d'Alexandre, sur le même sujet. — *Ego verò nullum generoso viro laborum finem statuo, quam labores ipsos, qui ad gloriam et decus ducunt. Siquis tamen cupit cog-*

noscere quisnam bellandi finis futurus sit, is intelligas parhm terræ nobis usque ad Gangem fluvium et Orientalem Oceanum restare. Ibi, inquam Hyrcanium mare huic conjunctum cernetis. Ambit enim universam terram magnum mare. Voyez Arrian. Expedit. Alexandr. édit. Varior: Westein, 1757, lib. V, cap. 26, page 395.

On peut joindre à cette autorité, celles de Solin; de Martianus Capella et de Macrobe, et surtout celle de Quinte-Curce, qui dit en propres termes : *et quidam credidere non Caspium mare esse ; sed ex Indiâ in Hircanyum cadere, cujus fastigium, ut supra dictum est, perpetuâ valle submittitur*, lib: VI, cap. 4.

Il est difficile de réunir plus de logique, d'autorités et de faits pour constater le poids énorme qu'eut autrefois la mer Caspienne dans la balance du Globe. Maintenant j'en appelle au jugement des sçavants, qui, en 1780, firent l'analyse de la première édition de ce Monde Primitif, dans les Éphémérides de Gottingue : » Nous sommes très-per-
» suadés, disent ces hommes estimables, que la
» mer Caspienne avait autrefois une communication
» avec le Golfe de Perse et la Mer Glaciale par le
» Pont-Euxin ; parce que de la Mer Noire jusqu'à

» Archangel, il n'y a qu'un pays plat. Cependant
» vers le Sud, la mer Caspienne ne pouvait avoir
» une communication avec la mer des Indes, que
» par un Détroit, à cause des Chaînes qui s'oppo-
» saient à son passage... Au reste, l'ouvrage
» que nous analysons, est si bien écrit et avec tant
» d'éloquence, etc. ».

Le procès du Globe, si mal présenté jusqu'ici par le philosophisme et par les Révélations, est instruit, et je prie les sçavants de Gottingue, qui me critiquèrent il y a douze ans, de prononcer.

Sur une communication ancienne, entre les lacs Mœris et Maréotis.— Pockoke dit que le *Bahar Bellomah*, ou la mer sans eau, qui est à deux lieues du Caire, était leur point de réunion, *voyages*, tome 1, liv. 1, chap. 2; or, observons que le lac Mœris, qui du temps de Méla avait cinq cents milles de circuit, n'en a plus que cent vingt, et qu'on voit parfaitement à sec le lac Maréotis, où de grandes flottes manœuvraient du temps des Pharaons.

De la création du Golfe de Venise. —» La plus
» grande brèche que les eaux ayent ouverte dans
» notre continent, paraît être entre l'Afrique et
» l Nouvelle Hollande, jusqu'au Cap de Comorin...

» Un de ces torrents détournés de sa première route
» semble avoir absorbé tant l'espace, occupé aujour-
» d'hui par la Mer Rouge, dont le Golfe Adria-
» tique n'est, suivant moi, qu'une continuation ;
» car je m'imagine que la même puissance qui
» a poussé les eaux dans les terres à Babel-Mandel,
» les a fait couler jusqu'aux environs de Venise.....
» L'Isthme de Suez a été desséché depuis, soit
» par la retraite de la Méditerranée, soit par la
» diminution de la Mer Rouge. — *Recherches philosophiques sur les Américains*, tome 2, page 328.

SUR OSAN. — C'est celui que les Orientaux désignent sous le nom de Sçavant par Excellence,
Er-Aalem ; voyez la *Bibliothèque Orientale* de
d'Herbelot.

QUELLES IDÉES RELIGIEUSES ne s'opposent pas à notre
th... — Serait-ce pour rappeler cet ancien état
du Monde Primitif, qu'Isaïe donne le nom d'Isles
à l'Égypte et à l'Éthyopie. Voyés cap. 20, vers. 6.

Page 252.

(S R LES DÉLUGES.)

ORIGINE QUE DONNENT LES INDIENS AUX MONTAGNES.
— Voyez ce conte mythologique dans le tome XIII
des *Lettres édifiantes*.

ÉCLAIRCISSEMENTS

Déluge du Caucase. — Voyez Archiloque *liber de temporibus*, page 9, dans l'*Apollodori Bibliothéca*, in-8°, édition de Commelin de 1499.

Déluge de Xixouthros. — Bérose, Abydène et Polyhistor que je cite sont analysés dans la *Chronographia* du Syncelle.

Bérose et Polyhistor sont mes premiers guides sur le déluge : voici le texte latin : je laisse à part les inepties de sa réfutation théologique.

Alexander (Polyhistor) Chaldæorum monumentis eruditus, a nono rege Ardate ad decimum Xixouthrum sermonis stylum convertens, hoc pacto narrat.... Postremo principe regnante contigit diluvium; hoc autem ordine refertur. Saturnus ei per somnum visus.... Homines diluvio prædixit extinguendos. Rerum i'aque cunctarum principia media et extrema, litteris consignata et in terram defossa in Solis urbe Siparis reponi, tum navigium compingi jubet, eo que cum amicis et consanguineis conscenso, alto mari se se credere; obsequitur ille.... Dein rogatus quò navigat? ad deor inquit : atque ita p. osperè hominibus precatus est.

Divinis itaque monitis obsequutus fabrefecit navigium longitudinis stadiorum quinque, latitudinis duorum : cuncta verò comparata imposuit;

uxorem

uxorem, liberos, amicos adjunxit; ingruente tandem diluvio, et confestim cessante, volucrum aliquas Xixouthros emisit, quæ non invento cibo nec loco quò consisterent, rursum in navim sunt reversæ. Spatio dierum aliquot interjecto, Xixouthros iterum dimittit aves; illæ vero pedibus luto infectis redierunt: tertio vero exclusæ navim nulla-tenus reperierunt.

Conjicit Xixouthros terram aquis denudatam eminere: tum ruptâ compagis parte navigium aperit, et ad proximum montem impelli se animadvertens, cum uxore, filiâ et gubernatore exscendit, terram adorat, aram extruit, diis immolat; quibus peractis, cum ipse, tum ii cum quibus exilierat, haud amplius in terris visi. Non redeuntibus verò Xixouthri comitibus, qui remanserant in navi, excendunt quærentes et de nomine sæpius inclamantes. Xixouthrum quidem conspicuum oculis non habuerunt. . . . .

Traditur . . . locum in quo consistebant Armeniorum esse regionem . . . deinde congregati, confluxerunt Babylonem. Navigii porrò in Armeniam impulsi reliquiæ hucusque temporis in ejusdem Corcyræis montibus perseverant. . . illos verò Babylonem profectos, litteras Sisparis effodisse, urbes ædificasse, condidisse templa, ac iterùm Babylonem ipsam reparasse dicunt.

Abydène ne fait en général que copier le récit de Bérose et de Polyhistor; seulement il fixe avec précision les règnes des monarques de la Chaldée.

Xisouthros rex aliis accessit : atque itâ reges omnes numero decem sunt, quorum omnium in imperio tempus Sarorum centum et viginti summam componit. De diluvio supra memoratis est idem, nec in ullo disparia subjungit...

Voyés *Georgi Monachi Chronographia*, édition in-folio de l'Imprimerie Royale, donnée en 1652, page 30, 31 et 38.

DÉLUGE D'HYÉRAPOLIS. — Voyés Lucien, au traité *de Deâ Syrâ*, si connu par les avantures piquantes de Combabus et de Stratonice.

DÉLUGE DE NOÉ. — Voyés *Bible de Saci*, tome I. Genèse, chapitre VI, VII et VIII.

DÉLUGE DE LA SAMOTHRACE. — *Diodor. Sicul.* lib. V. cap. 30. Il ne faut pas chercher dans le texte grec ces mots : *les eaux qui forment aujourd'hui la Propontide*, mais le sens de la phrase les désigne; et il faut ici moins consulter la grammaire que la clarté.

DÉLUGE D'OGYGÈS. — Voyez Métasthène *liber de judicio temporum*, page 29, et Fabius Pictor, *de aureo sæculo et de origine urbis Romæ*, page 33, dans l'*Apollodori Bibliotheca*, édition de Commelin, de 1499.

Les détails sur ce déluge, qui ont rapport à la géographie physique du pays qui l'a éprouvé, et sur-tout aux lacs Hylica et Copaïs, se trouvent dans Strabon, *Geogr.* lib. IX.

Celui qui regarde les révolutions étranges de la planète de Vénus, est consigné dans ce texte de saint Augustin : *est in Marci Varronis libris, qui un inscripto de gente populi Romani, Castor scribit, in stellâ Veneris . . . tantum portentum extitisse, ut mutaret colorem, magnitudinem, figuram, cursum ; quod factum ita neque antea neque postea sit. Hoc factum Ogyge rege dicebant Adrastus Cyzicenus, et Dion Neapolites, mathematici nobiles.* Voyez *de civit dei*, lib. 21, cap. 8.

Le trait sur la nuit de neuf mois est de Solin, cap. 17.

DÉLUGE DE DEUCALION. — La chronique de Paros le place vers l'an 1265, depuis le règne de Cécrops, c'est-à-dire, 1529 ans avant l'Ère vulgaire, *Chronic. Marmor.* parag. IV.

Les textes d'Hérodote sur ce déluge se lisent au livre VII de son histoire; ils forment une autorité supérieure à celle de l'auteur des Métamorphoses.

Ceux de Diodore et de Platon se lisent, *Biblioth. histor.* lib. V. et *de Legibus*, lib. 3.

Celui d'Ovide est au premier livre des Métamorphoses. — Au reste, parmi les autorités des poëtes, il faut mettre encore celle de leurs commentateurs. Voici un texte de Servius, sur les merveilles opérées par Deucalion, qui est digne de l'auteur des Métamorphoses : *Jupiter, cum porosum haberet genus humanum . . . diluvio inundavit terras, omnes que homines necavit, exceptis Pyrhâ et Deucalione, qui in monte Atho liberati sunt. Sed hi, ex responso Themidis, saxis post tergum jactis, genus hominum reparaverunt : et Pyrha quidem reparavit feminas, Deucalio mares.* Voyés *Comment. in Virgil.* Sup. Eclog. VI.

Bochart et le Scholiaste de Pindare sont cités dans les Commentaires de Banier sur les Métamorphoses d'Ovide, tome III, page 42.

Le texte d'Apollodore se lit *Biblioth.* page 19 et 20.

Deluge de Peyrun. — *Hist. de la Chine* du P. du Halde, tome I, et *hist. des voyag.* tome VI. page 75.

Deluge des Apalaches. — *Cérémonies relig.* tome VII.

Deluge de la Siberie. — Mémoire de Pallas, dans le tome XVII, des *nouveaux commentaires* de l'Académie Impériale de Pétersbourg.

Page 286

(De l'existence du peuple primitif.)

Texte sur la transplantation des connaissances primitives. — Voyés *lettres sur l'origine des sciences*, page 194.

De la Tortue Chinoise sous Yao. — Cette tradition nous a été transmise par le Jésuite Gaubil. Voyés le P. Souciet, tome 3, page 47.

Sur l'Edda. — Voyés l'*Atlantica* d'Olaüs Rudbeck, et l'*introduction* de Mallet à l'histoire de Dannemarck.

De Sanchoniaton. — Cet auteur écrivit l'histoire des Phéniciens, dans la langue de ce peuple;

cet ouvrage s'est perdu. On n'en a conservé que deux fragments de la traduction de Philon de Byblos, qui se trouvent dans Eusèbe, *Præpar. evangel.* lib. I. cap. X. et Macrob. *Saturnal.* lib. I. cap. 7.

Sur les demi-dieux, Butta, Tauth et Mercure. — Le judicieux Kaëmpfer va encore plus loin ; car il prétend que la grande divinité de la Chine, de l'Inde, du Japon, de Ceylan, de Siam, et du Pégu, quoique désignée, dans toutes ces contrées, sous des noms qui n'ont entre eux aucune analogie, ne représente que le même personnage, dont la secte s'est répandue, comme cette Liane de l'Amérique, qui se multiplie en transformant l'extrémité de ses branches en racines. *Histoire des voyages*, édition in-12 tome 40, page 263.

Division du Zodiaque en douze signes. — Voyez la preuve qu'elle était connue 6500 ans avant l'Ere vulgaire, dans l'*histoire de l'astronomie ancienne* liv. 3, parag. 10.

Page 307.

{ Des systèmes de la philosophie moderne sur le peuple primitif

Opinion qui place l'Atlantide dans la Palest-

TINE. — Voyés *Essai historique et critique sur les Atlantides*, par Frédéric Charles Baër, édition de Paris de 1762. Il paraît que son auteur s'était rencontré avec Eurenius qui publia son *Atlantica Orientalis* en 1754; les deux ouvrages partent du même principe et présentent les mêmes résultats.

SYSTÈME DE TOURNEFORT. — Il est exposé dans son voyage du Levant. On sçait que Louis XIV. l'avait envoyé en 1700 dans la Grèce et en Asie, pour y étudier la nature et les monuments des arts : on sçait aussi qu'il apporta de son voyage une foule de plantes inconnues, et qu'il revint à cet égard, chargé des dépouilles de l'Orient.

Comme ce voyageur célèbre a eu la sagesse de ne point faire un livre pour motiver son système, on peut transcrire ici l'exposition que lui-même en a faite.

» Il est très-vraisemblable que les eaux de la Pro-
» pontide, qui n'était peut-être anciennement qu'un
» lac formé par les eaux du Granique et du Rhyn-
» dacus, ayant trouvé plus de facilité à se creuser
» un canal aux Dardanelles, que de se faire un
» autre passage, se répandirent dans la Méditerrannée,
» et décharnèrent, pour ainsi dire, les rochers à
» force de laver les terres. Les Isles de la Propon-

» tide ne sont autre chose que les restes des ro-
» chers que les eaux ne purent dissoudre . . . Il
» semble que les Isles sont comme autant de clous
» attachés au Globe de la Terre, et dont les mon-
» tagnes sont, pour ainsi dire, les têtes.

» Mais quel changement les Isles de l'Archipel
» ne reçurent-elles pas par le débordement du
» Pont-Euxin....Et quel ne serait pas notre étonne-
» ment, si les ouvrages de ceux qui avaient décrit
» cette grande inondation, étaient passés jusqu'à
» nous, comme ceux de Diodore?...

» Un sçavant ministre a cru que l'Océan, par
» ses secousses, ayant séparé des terres d'Afrique
» la montagne de Calpé, s'était répandu dans ce
» vaste espace où est présentement la Méditerranée:
» que cette mer avait ensuite percé les terres vers
» le Nord, et produit la Propontide, la Mer Noire
» et les Palus Méotides... Mais indépendemment
» de l'observation de Diodore, il est bien plus
» raisonnable de regarder les Palus Méotides, la
» Mer Noire, la Propontide et la Méditerranée,
» comme de grands lacs formés par la foule de ri-
» vières qui s'y déchargent, que de croire que
» ce sont des épanchements de l'Océan....

» Il est certain que les eaux du Nord tombent

» dans la Méditerranée, par le Bosphore Cimmé-
» rien, par celui de Thrace, et par le canal des
» Dardanelles....pour la Méditerranée, elle se dé-
» charge dans l'Océan, au détroit de Gibraltar : ses
» eaux trouvent plus de facilité à s'y creuser un
» canal, qu'à se répandre sur les terres d'Afrique ;
» Dieu avait laissé cette ouverture entre le Mont
» Calpé et celui d'Abyla ; il ne fallait qu'en dé-
» boucher la digue ; peut-être que l'irruption épou-
» vantable, qui se fit alors dans l'Océan, submergea,
» ou emporta cette fameuse Isle Atlantide que dé-
» crivent Platon et Diodore.... Les Isles Canaries,
» les Açores et l'Amérique en sont peut-être les
» restes. » — Voyés *Relation d'un voyage du Levant*, par Tournefort, tome II, page 406.

SYSTÈME DE LA BOADE. — On le voit exposé dans le discours préliminaire de l'*histoire abrégée de la mer du Sud*. Je ne reviens pas de ma surprise, de ce qu'ayant employé depuis la page XXXVIII jusqu'à la page XLVII de ce discours, à analyser mon opinion avec une sage impartialité, l'auteur qui semble, pendant tout ce temps-là, se faire gloire d'être mon prosélyte, vers les dernières lignes, tout-à-coup change d'idées, sous prétexte que je contredis Platon mon maître et le sien : » Je ne

» puis, dit-il, adopter l'idée que j'expose ; car
» Platon dit expressément que l'Atlantide était
» plus étendue que la Lybie et l'Asie ensemble ;
» comment donc eut-elle pu tenir dans la Médi-
» terranée ? »

Ce qui fait rejetter à l'historien de la mer du Sud mon opinion, que l'Atlantide était située dans cette partie de la Méditerranée, qui baigne d'un côté l'Italie, et de l'autre les ruines de Carthage, est précisément ce qui doit la faire recevoir par les hommes sans préjugés, qui connaissent la géographie physique du Globe, Platon et mon ouvrage.

Quand Platon, comme nous le verrons dans le texte même de cette Histoire du Monde Primitif, dit que l'Atlantide *était plus grande que la Libye et l'Asie ensemble*, il est évident que, sous le nom d'Asie, il ne désigne que l'Asie Mineure, ainsi que le faisaient la plupart des anciens ; la démonstration s'en trouve dans le dialogue du Critias, où ce grand homme ne donne d'étendue à son Isle que cent cinquante lieues, dans sa plus grande direction ; assurément, s'il avait voulu comparer ce petit point du Globe à l'effroyable espace du Continent de l'Asie, qui sépare l'extrémité de l'Inde, des rives du Pont-Euxin, il aurait dit une grande absurdité.

Or mon Atlantide de la Méditerranée aurait précisément l'étendue de la Libye et de l'Asie Mineure réunies, sur-tout, si on supposait cette dernière Péninsule moins vaste qu'elle ne l'est sur nos Mappemondes, comme il est naturel de le croire, si on se transporte aux ages reculés, où les Golfes d'Issus et d'Amisus n'étaient séparés que par une langue de terre, par une espèce d'Isthme de Corynthe.

PARADOXE DE L'ESSAI SUR LA POPULATION DE L'AMÉRIQUE. — Voyés tome I. page 25. Si l'on veut avoir une idée de ce que peut l'esprit de conjecture, pour lier entre elles toutes les parties du système le plus extraordinaire, il faut lire le texte suivant, tiré du même ouvrage.

» Si quelqu'un de nos contemporains avoit devant
» les yeux une Carte geographique de l'Amérique,
» et de la mer qui la sépare de notre continent,
» et qu'il voulut imaginer une Atlantide, ignorant
» la description de Platon, il ne lui donnerait pas
» d'autre figure, d'autre situation et d'autre dis-
» tance que celles qu'on lui assigne ici : cette Isle
» devait être plus grande que la Libye et l'Asie

» ensemble ; elle devait s'étendre beaucoup en
» longueur : delà on pouvait passer dans d'autres
» Isles, et de celles-ci au continent. Ne dirait-on
» pas que Platon a vérifié toutes nos mesures ? Si
» l'on suppose un pays aussi long, sera-t-il extrê-
» mement éloigné des Antilles ? Et des Antilles, ne
» pourra t-on pas passer au continent ? Que peut-
» on dire de plus vraisemblable ? Si toutes les his-
» toires avaient les mêmes caractères de probabilité,
» on n'oserait les contredire.

» Dès qu'on ne peut révoquer en doute l'exis-
» tence de l'Atlantide, personne ne doutera qu'elle
» n'ait été peuplée, et que ses Rois n'aient pu
» étendre leur domination sur la Libye et sur l'Es-
» pagne, jusqu'à l'Italie....

» Il est donc avéré que les Atlantes (Améri-
» cains) ont pu faire la guerre aux Grecs et aux
» Égyptiens ; l'Isle qu'ils habitaient fournissait aussi
» un trajet facile aux nations Anté-diluviennes,
» pour se rendre dans le monde de Colomb, perdu
» longtemps, et recouvré depuis trois siècles.... Dans
» les commencemens, cette Atlantide était jointe aux
» deux continens ; ainsi les Celtes y ont passé, et
» y ont laissé quelque mots de leur langue, pour
» monument de leur passage. » *Essai sur la po-*

pulation de l'Amérique, tome I, pages 29, 30, 31, 38 et 39.

Il faudrait faire un volume entier pour répondre à cette note : voilà pourquoi nous ne la réfuterons qu'avec les Cartes des géographes, et la logique naturelle de nos lecteurs.

IDÉE DU COMTE CARLI, SUR L'ATLANTIDE. — Elle est délayée dans le second tome des *lettres Américaines*, et surtout aux pages 177 et 178 ; j'ai trouvé d'ailleurs dans cet ouvrage, publié en France en 1788, une partie des vues génératrices que j'avais rassemblées dans mon *histoire des Atlantes*, dont la première édition est de 1776. Cette harmonie, si l'auteur ne m'a pas lu, prouve qu'il est, dans la physique du Globe, des centres de réunion où l'on peut arriver, en partant des routes les plus opposées, du sentier simple et uni de la vérité, et de la voye brillante mais tortueuse du paradoxe.

OPINION DE RUDBECK. — L'ouvrage où ce paradoxe est établi a pour titre : *Atlantica, sive Manheim, vera Japheti posterorum sedes ac patria*. Il est plein de recherches ; mais elles prouvent plus la patience de son auteur que la justesse de sa dialectique.

FIN
DES NOTES
DU CINQUIÈME VOLUME.

TABLE DES CHAPITRES.

Du séjour primitif de l'Océan, sur les montagnes primordiales. Page 1.

PARADOXE DE VOLTAIRE, sur les Coquillages. 19.

DE LA RETRAITE GRADUÉE DE L'OCÉAN. 56.

DIGRESSION, sur le problème physique de la transmutation de l'eau en terre. 83.

DÉVELOPPEMENT DE LA NATURE organisée sur le Globe. 93.

ÉLÉMENS DE LA THÉORIE DU GLOBE, pendant la Période de l'organisation des êtres 114.

ESSAI SUR LES ÉPOQUES de l'émersion du Globe, depuis l'organisation des êtres. 130.

MONUMENT HISTORIQUE de l'émersion du Globe, tiré des diverses révolutions de la mer Caspienne. 150.

DES GRANDS CATACLYSMES, qui ont accéléré l'émersion du Globe. 224.

DES DÉLUGES 234
DE L'EXISTENCE DU PEUPLE PRIMITIF, et de son unité. 286
FAIBLE AUTORITÉ des écrits de la philosophie moderne, sur le Peuple Primitif. 307
DE L'OPINION D'UN GRAND HOMME, sur l'identité des Brames de l'Inde, avec le Peuple Primitif. 323
ÉCLAIRCISSEMENTS et Notes.

FIN
DE LA TABLE.
DES CHAPITRES.

www.ingramcontent.com/pod-product-compliance
Lightning Source LLC
Chambersburg PA
CBHW071855230426
43671CB00010B/1348